JN163955

ドイツ地理教育改革とESDの展開

阪上弘彬 著

古今書院

Educational Reform of Geography and
Education for Sustainable Development in Germany

Bildungsreform im Fach Geographie und
Bildung für Nachhaltige Entwicklung in Deutschland

by Hiroaki SAKAUE

ISBN978-4-7722-5306-2

Copyright © 2018 by Hiroaki SAKAUE

Kokon Shoin Publishers Ltd., Tokyo, 2018

は し が き

　地理教育あるいは学校教育としての地理は，その存続意義を示し続けるため，常に改革に迫られてきた。例えば，「地理教育改革」をテーマとした研究では常に新たな地理教育のあり方が提案され，その事例は枚挙にいとまがない。とくに，地理歴史科が誕生した1989年告示の学習指導要領から2017年現在に至るまで，高等学校における地理は選択科目であることから，地理教育の危機が数多く訴えられた。これらの危機の背景として，今日の日本の地理教育に関して草原（2006：1）は，「社会との接点を見出すことで自らの存在理由を高めようとしている」とし，その背景には関係者の間に社会的な有用性を主張しないと教育課程での地位を失いかねないとの危惧があると述べた。

　このように社会的有用性がこれまで以上に主張されるようになったため，地理教育を含む教育全体において，この傾向を反映した内容やカリキュラム構成が新たな研究課題となっている。日本においても地理教育改革をテーマにした研究は多く，諸外国の改革動向を日本に紹介するとともに，日本の地理教育に対する示唆を示した研究（例えば，中山，1991：アメリカ合衆国；志村，2010：イギリス；水岡，1981：ドイツ連邦共和国；村山，1995：スウェーデン；池，2015：ポルトガル）がその多くを占めている。

　また，社会科の目標・枠組みから地理教育のオルタナティブや公民教育化等を提案した草原（2006，2007，2008）のような原理研究，小・中・高一貫地理カリキュラムを提案した山口ほか編（2008）といったカリキュラム研究からも，地理教育改革に関する提案がなされている。このように，日本国内をみても地理教育改革が多様な観点から論じられていることがわかる。

　また，社会的有用性を訴える地理教育の状況は，日本以外の諸外国・地域においても当てはまる。例えばヨーロッパでは，2013年にIGU-CGE（国際地

理学連合・地理教育委員会）やEUROGEO（ヨーロッパ地理学会）等が連名で，「ヨーロッパにおける地理教育に関するローマ宣言（Rome Declaration on Geographical Education in Europe）」を発表し，ヨーロッパ諸国に対して地理教育の有用性を主張した。

　このように，地理教育はその存続をかけて絶えず地理教育の意義を発信することで生き残りを図っており，改革を繰り返すことによって，時代に応じた地理教育の有効性や意義を主張している。このような改革の歴史において，2000年代以降IGU-CGEや日本を含む諸外国で取り組まれるESD（持続可能な開発のための教育）は，地理教育の意義や役割に対して新たな観点を示している。地理教育改革においてESDが果たす役割にはどのようなものがあるのか。そして，ESDを通じて地理教育はどのように変化しうるのか。

　本書は，ESDおよび地理教育の先進国であるドイツ連邦共和国の地理教育を対象に，地理教育改革においてESDが果たす役割やその特徴を明らかにしたいと考えている。

　　2017年12月　　　　　　　　　　　　　　　　　　　　阪上弘彬

目　次

はしがき ……………………………………………………………………… i
略号一覧 ……………………………………………………………………… xi

序章　研究の背景・目的・特質・方法 ………………………………… 1
  1．研究の背景と目的 …………………………………………………… 1
  2．研究の特質と意義 …………………………………………………… 5
  3　研究方法と本書の構成 ……………………………………………… 7

第 1 章　世界の地理教育改革と ESD …………………………………… 9
  1．世界の地理教育の系譜とターニングポイント ………………… 9
    （1）20 世紀中頃から 20 世紀末までの地理教育 ………………… 10
    （2）20 世紀末から 21 世紀初頭の地理教育 ……………………… 12
  2．地理教育のターニングポイントとしての ESD ………………… 14
    （1）地理教育におけるターニングポイントの特徴 ……………… 14
    （2）地理教育とユネスコとのかかわり …………………………… 15
  3．諸外国における ESD の展開・特徴と地理教育 ………………… 16
    （1）北アメリカ地域 …………………………………………………… 16
    （2）ヨーロッパ地域 …………………………………………………… 18
    （3）アジア地域 ………………………………………………………… 19

第 2 章　国際地理学連合・地理教育委員会による
　　　　 地理教育振興策と ESD ……………………………………… 23
  1．国際地理学連合・地理教育委員会の活動方針 ………………… 23

2. 国際地理学連合・地理教育委員会の地理教育振興策 ………………… 24
    (1) 国際地理学連合・地理教育委員会による
        地理教育振興策としての諸宣言………………………… 24
    (2) 地理教育国際憲章……………………………………………… 25
        ①地理学を基盤とする到達目標………………………………… 26
        ②地理教育国際憲章に内在するESDの観点 …………………… 29
    (3) 持続可能な開発のための地理教育に関するルツェルン宣言… 30
        ①顕在化したESDの観点によるカリキュラム編成の変化 … 30
        ②ESD実践のための地理的能力 ……………………………… 31
3. 諸宣言にみる国際地理学連合・地理教育委員会の
    地理教育観とドイツへの影響 ……………………………………… 33
    (1) 国際地理学連合・地理教育委員会の諸宣言の一貫した理念…… 33
    (2) ドイツ地理教育への影響………………………………………… 34

第3章　連邦レベルにおけるドイツ地理教育の系譜と
        ESDの取り組み ……………………………………………… 39

1. ドイツ地理教育におけるレールプランの変遷とESD ………………… 40
    (1) レールプランをとりまく環境…………………………………… 40
    (2) 地理レールプランの変遷と特徴………………………………… 40
    (3) PISAショック以降のカリキュラム概念変革とコンピテンシー… 43
    (4) 持続可能な開発に関する国際動向とドイツ地理教育の対応… 44
2. ESDにおける教育学と地理学の役割 ………………………………… 44
    (1) 教育学からのアプローチ………………………………………… 44
        ①ドイツ社会・政策における持続可能な開発の起源と受容… 44
        ②ドイツにおける持続可能な開発と教育……………………… 45
        ③ドイツにおけるESD展開の特徴 …………………………… 46
    (2) 専門科学としての地理学からのアプローチ…………………… 47
        ①地理教育において地理学が果たす役割……………………… 47

　　　　②橋渡し機能と人間－環境関係……………………………………… 48
　　　　③空間に対する多様な見方・考え方…………………………………… 49
　　　　④持続可能な開発に対する地理学からのアプローチとその意義… 50
　　3．『ドイツ地理教育スタンダード』の導入と ESD ……………………… 50
　　　（1）『ドイツ地理教育スタンダード』の特徴 ………………………… 50
　　　　①一貫した地理授業の目標……………………………………………… 50
　　　　②システムとしての空間………………………………………………… 51
　　　（2）持続可能な社会を目指す『ドイツ地理教育スタンダード』… 52

第 4 章　PISA ショック以降の州地理カリキュラムの特徴 ……… 57

　　1．PISA ショック以降の州地理カリキュラム改訂……………………… 58
　　　（1）改訂の経緯…………………………………………………………… 58
　　　（2）改訂カリキュラムにおける地理の位置づけ………………………… 60
　　　（3）学会スタンダード等の影響………………………………………… 61
　　2．州地理カリキュラムにおけるコンピテンシーの位置づけ ………… 63
　　　（1）コンピテンシーの構造……………………………………………… 63
　　　（2）教科コンピテンシー………………………………………………… 65
　　　（3）教科横断コンピテンシー…………………………………………… 67
　　　（4）行為コンピテンシー………………………………………………… 68
　　3．ESD と州地理カリキュラム …………………………………………… 69
　　　（1）メクレンブルク＝フォアポメルン州 ……………………………… 70
　　　（2）シュレスヴィヒ＝ホルシュタイン州 ……………………………… 70
　　　（3）ラインラント＝プファルツ州 ……………………………………… 71

第 5 章　バーデン＝ヴュルテンベルク州における ESD と地理学習
　　……………………………………………………………………………… 75

　　1．バーデン＝ヴュルテンベルク州『教育プラン 2004』の構造……… 75
　　　（1）統合教科「地理－経済－共同社会」の概要……………………… 75

(2) 地理分野における目標……………………………………………… 78
　　　(3) 地理分野における学習内容とコンピテンシー…………………… 79
　2. バーデン＝ヴュルテンベルク州地理教科書 *TERRA GWG Geographie-Wirtschaft* にみる地理学習と ESD の特徴 …………………………… 83
　　　(1) バーデン＝ヴュルテンベルク州地理教科書 *TERRA* の全体構成と持続可能な開発の学習…………………………………………… 83
　　　(2) 単元「持続可能な都市開発」における ESD の学習 ………… 89
　3. バーデン＝ヴュルテンベルク州地理カリキュラムおよび学習の特質… 90

第6章　ニーダーザクセン州における地理学習と ESD …………… 93

　1. ニーダーザクセン州『コアカリキュラム 2015』の構造 ……………… 93
　　　(1) ニーダーザクセン州地理教育の目標と ESD との接点 ……… 93
　　　　　① ニーダーザクセン州地理教育の目標…………………………… 93
　　　　　② ESD に対する地理教育の貢献およびつながり ……………… 94
　　　(2) コンピテンシー領域および学習内容…………………………… 94
　　　　　①『コアカリキュラム 2015』におけるコンピテンシー領域… 94
　　　　　② コンピテンシーと学習内容との結びつき……………………… 96
　　　(3) 学習内容へのアプローチおよび方法…………………………… 97
　　　　　① 系統地理的アプローチおよび地域地理的アプローチ……… 97
　　　　　② 学習方法および手法…………………………………………… 98
　　　(4) 空間に責任をもった行動を育成するための学習プロセス…… 99
　2. ニーダーザクセン州地理教科書 *TERRA Erdkunde* にみる
　　　ESD の視点を入れた地理学習の構造 ……………………………… 100
　　　(1) ニーダーザクセン州地理教科書 *TERRA Erdkunde* の全体構成 … 100
　　　(2) 7～8 学年：小単元「原生林から森林まで」………………… 101
　　　　　① 小単元の展開…………………………………………………… 101
　　　　　② 教授過程にみる ESD の視点 ………………………………… 101
　　　(3) 7～8 学年：単元「都市」……………………………………… 104

　　　　①単元の展開……………………………………………………… 104
　　　　②教授過程にみる ESD の視点 ………………………………… 105
　　（4） 9～10 学年：単元「1 つの世界？」……………………………… 105
　　　　①単元の展開……………………………………………………… 105
　　　　②教授過程にみる ESD の視点 ………………………………… 108
　3. ニーダーザクセン州地理カリキュラムおよび学習の特質 ………… 109

終章　地理教育改革において ESD が果たす役割と展望および課題 …………………………………………………………………… 111

1. 研究の成果 …………………………………………………………… 111
2. 展望および課題 ……………………………………………………… 114

あ と が き……………………………………………………………… 117
参 考 文 献……………………………………………………………… 121
資料　『ドイツ地理教育スタンダード』のコンピテンシー領域・
　　　スタンダードの全訳 …………………………………………… 131
索　　　引……………………………………………………………… 137

図 目 次

図3-1	社会的に結びついた構成体としてのレールプラン	41
図3-2	レールプランの開発視点の変遷	41
図3-3	地理科における空間分析の基本コンセプト	52
図4-1	各州における学習内容構成と4つの異なる空間概念	67
図4-2	SH州地理科の構造と教育貢献	71
図4-3	RP州社会科学科のコンピテンシー構造	72
図5-1	GWGの枠組み	77
図6-1	コンピテンシー領域および中心コンピテンシー	95
図6-2	地理のテーマハウス	96
図6-3	系統地理的アプローチおよび地域地理的アプローチ	98
図6-4	空間に責任をもった行動のための方法	99

表 目 次

表序-1	持続可能な開発のための教育が示す特徴	3
表1-1	各時代のターニングポイント／出来事と主要テーマ	9
表1-2	1960年代以降の学校における地理指導と学習における傾向	11
表1-3	アメリカ地理・社会科教員が取り組むトピック	17
表1-4	アジア・太平洋地域におけるSD優先事項	19
表2-1	地理的知識・理解の到達目標	27
表2-2	地理的技能の到達目標	27
表2-3	態度ならびに価値観形成のための到達目標	29
表2-4	ESDのための地理カリキュラムの種類	31
表2-5	ESDのための地理的知識・理解	32
表2-6	ESDのための地理的技能	32
表2-7	ESDのための態度と価値観	33
表3-1	4つの空間概念の特徴と学習の視点	49
表4-1	ドイツ16州地理カリキュラムの一覧	59
表4-2	ドイツ16州におけるPISAショック（2000年）以降の地理カリキュラム改訂状況	60
表4-3	州地理カリキュラムにおけるコンピテンシー領域	65
表5-1	GWGの各分野における専門的行動コンピテンシー	79
表5-2	GWGにおけるテーマ領域とコンピテンシー	82
表5-3	地理分野におけるテーマ領域とコンピテンシー	78
表5-4	BW州 *TERRA* の構成と『教育プラン2004』との対応関係	87
表5-5	ESDに関する諸問題	88

表 5-6　単元「持続可能な都市開発」の単元の展開 ……………………………… 88
表 6-1　学習活動に関する 3 つの要求領域の概要 ………………………………… 99
表 6-2　NI 州 *TERRA* の全体構成 …………………………………………………… 101
表 6-3　単元「都市」の単元の展開 ………………………………………………… 102
表 6-4　単元「1 つの世界？」の単元の展開 ……………………………………… 106

略号一覧

AAG（American Association of Geographers／旧 Association of American Geographers）……アメリカ地理学会

GAP（The Global Action Programme on Education for Sustainable Development）……持続可能な開発のための教育（ESD）に関するグローバル・アクション・プログラム

BNE（Bildung für nachhaltige Entwicklung）……持続可能な開発のための教育

DGfG（Deutsche Gesellschaft für Geographie）……ドイツ地理学会

ESD（Education for Sustainable Development）……持続可能な開発のための教育

GIS（Geographic Information System）……地理情報システム

GWG（Geographie-Wirtschaft-Gemeinschaftskunde）……地理－経済－共同社会

HSGP（High School Geography Project）……高等学校地理プロジェクト

IGU（International Geographical Union）……国際地理学連合

IGU-CGE（International Geographical Union - Commission on Geographical Education）……国際地理学連合・地理教育委員会

KMK（Kultusministerkonferenz）……各州文部大臣常設会議

NCGE（National Council for Geographic Education）……全米地理教育協議会

PBL（Project-Based Learning）……課題解決型学習

PISA（Programme for International Student Assessment）……OECDの生徒の学力到達度調査

SD（Sustainable Development）……持続可能な開発／持続可能な発展

SDGs（Sustainable Development Goals）……持続可能な開発目標

TIMSS（Trends in International Mathematics and Science Study）……国際数学・理科教育動向調査

VDSG（Verband Deutscher Schulgeographen）……ドイツ学校地理学者連盟

序章　研究の背景・目的・特質・方法

1. 研究の背景と目的

　ESD [1]（Education for Sustainable Development；持続可能な開発のための教育）は，欧米諸国だけでなく，アフリカやアジアなどの多くの国・地域 [2] で展開される持続可能な社会を形成するための教育における取り組みである。ESDの目標は，地球的視野で考え，さまざまな課題を自らの問題として捉え，身近なところから取り組み，持続可能な社会づくりの担い手となる市民を育成することである（「国連持続可能な開発のための教育の10年」関係省庁連絡会，2006：6）。ESDは，2002年に開催された持続可能な開発に関する世界首脳会議（ヨハネスブルク・サミット）において日本政府によって提案された。2005年から2014年までの10年間は，主導機関である国連教育科学文化機関（UNESCO，ユネスコ）が中心となり，「UNDESD（UN Decade of Education for Sustainable Development；国連持続可能な開発のための教育の10年）」が展開された。また，UNDESD最終年である2014年には，2015年以降のESDのさらなる推進・拡大を目指す「GAP（The Global Action Programme on Education for Sustainable Development；持続可能な開発のための教育(ESD)に関するグローバル・アクション・プログラム）」が採択され，ESDは今後も継続して取り組むべき教育テーマの1つであるとされる。
　ESDが提唱される以前から，持続可能な開発に関する学習は，地球的あるいは現代的諸問題の解決を目指した環境教育や国際理解教育といった課題教育 [3] において実践されてきた。ユネスコ（2004：21）や阿部（2009）によると，これらの課題教育を総合的に取り組んだ教育がESDである。また，ESDの中心概念である持続可能性や持続可能な開発は，UNDESD以前より使われ

てきた[4]。この概念の出現背景については，ユネスコ（2004）の『国連持続可能な開発のための教育の10年　2005 − 2014 国際実施計画案（*DESD Draft International Implementation Scheme, UNDESD-DIIS*）』や阿部（2006）などがまとめているが，1972年にストックホルムで開催された国連人間環境会議に端を発し，経済的・社会的発展への関心や自然資源の管理とバランスへの理解が大きくなったことに呼応する。持続可能な開発の定義については，多様な解釈があり，阿部（2010）によると40余りの概念が存在する。多様な定義があるなかで UNDESD-DIIS では，1987年にブルントラント委員会（環境と開発に関する世界委員会）が定義した「将来世代がそのニーズを満たす能力を損なうことなく，現在の世代のニーズを満たす開発」（p.15）が採用されている。

持続可能な社会の形成のために，『国連持続可能な開発のための教育の10年（2005 〜 2014年）国際実施計画（*United Nations Decade of Education for Sustainable Development（2005-2014）International Implementation Scheme, UNDESD-IIS*）』では，「教育について疑問を持ち，再考し，修正し，環境，社会，経済の各領域における持続可能性に関連するより多くの原則，知識，技能，洞察力，価値観[5]を教育に取り入れることが，私たちの現在そして未来の社会にとって必要である」（佐藤・阿部，2006：191）と示されている。

これを踏まえると，ESD の学習過程で求められる要素は，UNDESD-DIIS が提示する①学際性，総合性，②価値による牽引，③代替案と問題解決，④多様な方法，⑤参加型の意思決定，⑥地域との関連，の6点である（表序 -1）。多岐にわたる課題について，さまざまな専門的視点を用いて，多様な学習方法によって多面的・批判的に分析したり解決案を提案したりし，学習者に意思決定させたりするとともに，価値観などに変化をもたらすことを想定したものとなる。

上述のように ESD は，学習内容という視点からみると，環境問題や開発問題といった課題教育で従来から扱われてきた内容を持続可能な開発の視点から総合的に取り組んだものであると定義できる。一方で，今日取り組むべき教育テーマとしてみた場合，ESD は持続可能な開発の観点から既存の教育制度の転換を迫るものであると評価できる。

表序-1　持続可能な開発のための教育が示す特徴

①学際性，総合性	持続可能な開発に関する教育は，すべてのカリキュラムの中に組み込まれるもので，分離された課題ではない．
②価値による牽引	持続可能な開発を支える共有する価値観や原則という規準を定める場合には，それを調査し，議論し，試験し，適用することにより明示されることが不可欠である．
③代替案と問題解決	持続可能な開発が抱えるジレンマとそれへの挑戦に対応することに自信をもつように導く．
④多様な方法	言葉，美術工芸，演劇，議論，経験などのプロセスを経るさまざまな教え方．知識を単に伝達する教育は，教育者と学習者が知識を獲得するために協働し，その教育機関にそのような環境を形成する役割を果たすようなアプローチへとつくり直すべきである．
⑤参加型の意思決定	いかに学ぶべきかについての意思決定に学習者が参加する．
⑥地域との関連	地球規模の問題とともに地域の問題を扱うこと，および学習者が最も普通に使っている言語を使うこと．持続可能な開発の概念は，他の言語においても注意深く表現されなくてはならない．それは，言語と文化は物事を異なって表現するものであり，個々の言語には新しい概念を表現する創造的な手段があるからである．

阪上（2012）を一部修正

　日本では平成20年，21年版学習指導要領において，「持続性」と「持続可能な社会づくり」という視点が小学校，中学校社会科や高等学校地理歴史科，理科などの教科を中心に明記された。この学習指導要領にはESDという用語は直接的に用いられていないが，ESDが意識されたことは明らかであり，その背景にはヨハネスブルク・サミットの際に採択されたUNDESDを受けたものと考えられる。また，日本におけるESDの研究動向については，UNDESD以前から元日本ユネスコ国内委員の中山がESDの動向および地理教育におけるESDの学習目標・内容について研究成果を報告している（中山，2003）。その他にも，持続可能な開発の概念をめぐる研究（阿部，2010）や環境教育の立場からESDを捉えた研究（神田，2010）が報告されてきた。

　持続可能な開発に関する学習は，教科の学習においても設定されている。地理教育においても，ESD先進国であるイギリスやドイツを含め，多くの国の地理カリキュラムで「持続可能な開発」が学習項目・内容の一部として位置づけられ，ESDの観点が入った構成になっている。

　日本においても小学校社会科や中学校社会科，高等学校地理歴史科，公民科

の学習指導要領における「持続可能な社会づくり」の登場により，学会や研究会レベルにおいてESDに関する議論が活発になされた。社会科教育学の分野においては，日本社会科教育学会第60回全国研究大会（2010年11月13日，筑波大学）のシンポジウムで「持続可能な社会の形成のために社会科は何ができるのか」というテーマで発表・議論がなされた。地理教育の分野においても日本地理教育学会や日本地理学会等の研究大会・シンポジウムにおいて地理教育におけるESDの理論や実践のあり方に関する議論がなされた。また，地理教育におけるESD研究の代表的な著書として，中山ほか編（2011），中山ほか編（2012b），泉ほか編（2012）がある。

中山ほか編（2011）では，地理教育におけるESDカリキュラム開発を視野に入れ，学習指導要領におけるESDの位置づけ，地理における教材開発の目標，内容，方法等の理論，小学校から大学までを対象にしたESD実践，海外におけるESDの取り組みの現状を報告したものであり，地理教育におけるESDの研究を体系的にまとめたものである。

一方，中山ほか編（2012b），泉ほか編（2012）には理論が含まれるものの，新学習指導要領に準拠したESDの授業開発・実践や提案に重点が置かれたものである。つまり，日本の地理教育におけるESDの研究では，学習指導要領の下でESDは学習項目・内容としてどのように位置づけられるかを整理するとともに，モデル授業を示すことで，ESDの視点を入れた地理授業のあり方・方向性を明らかにしてきた。

このように，日本ではESDが地理学習で扱う学習項目・内容として位置づけられてきた一方で，中山（2012a）が述べるように，ESDは既存の教育に対して変革を求めるものであり，ESDに取り組む地理教育そのものに対しても変革を迫っている。では，ESDの視点を取り入れることにより地理教育はどのように変化しうるのか。そこで本書では，ドイツ連邦共和国（以下，ドイツとする）の地理教育を通じて検討する。

ドイツは「ヨーロッパにおいてESDの推進が先行している国のひとつ」（卜部，2011：176）であり，ドイツの基本法のなかには「持続可能性（Nachhaltigkeit）」

の概念が組み込まれている[6]。トランスファー21（2012：14）では「ESDは単にSDの理念と具体像を教えるだけの教育だけではなく，SDを支えるための行為規範を与える教育であるべきとされる」と示され，行動規範を育成する観点からESDが推進されており，それを目指した計画書・指針が発表されている点も注目に値する。また，ドイツの地理教育は由井・阪上（2012）が報告するように，IGU-CGE（International Geographical Union-Commission on Geographical Education；国際地理学連合・地理教育委員会）が公表した地理教育におけるESDのガイドラインの作成に深くかかわり，ESDの視点を入れた地理教育の変化やあり方について得られるものは多いと考える。

本書は，ESD先進国であるドイツを中心とした地理教育を対象に，地理教育改革におけるESDの役割と改革に伴う地理教育の変化の特徴，およびESDの視点を入れた地理カリキュラム・学習の構造および特質について明らかにすることを目的とする。

2. 研究の特質と意義

本研究の特質と意義は，以下の3点にまとめることができる。

第1に，ESDが地理教育に対してどのような変化をもたらしたかを明らかにしようとする点である。*UNDESD-IIS*が「環境，経済の各領域における持続可能性に関連するより多くの原則，知識，技能，洞察力，価値観を教育に取り入れることが，私たちの現在そして社会にとって必要である」（佐藤・阿部監訳，2006）と示すように，ESDは既存の教育のあり方に対して変化を求めている。先行研究（例えば，中山ほか，2012a）ではESDで育む能力やESDの目標を分析し，変革で求められる視点や観点が明らかにされているが，各国の地理教育においてESDの観点，あるいはESD自体がどのように受容され，地理教育が変化したかについては明らかにされてはいない。そこで，ドイツを中心としたいくつかの国・地域の地理教育を取り上げて，ESDの影響による地理教育の変化を明らかにする。

第2に，国際的な地理教育研究者の組織であるIGU-CGEが地理教育におけるESDを普及・推進する背景を明らかにしようとする点である。先行研究（例えば，中山ほか編，2011：10-15；泉ほか編，2012：122-128）では，IGU-CGEが2007年に公表した「持続可能な開発のための地理教育に関するルツェルン宣言（Lucerne Declaration on Geographical Education for Sustainable Development）」（以下，ルツェルン宣言とする）が検討され，地理教育がESDに取り組む際の観点が示された。

また，中山ほか（2012a）は，IGU-CGEが1992年に公表した「地理教育国際憲章（International Charter on Geographical Education）」においてもESDの観点が示されていると指摘し，UNDESD以前から地理教育がESDに対してかかわりがあったことを主張した。このように，諸宣言を取り上げ，ESDと地理教育のかかわりを明らかにしようとする研究はあるが，諸宣言を通じてIGU-CGEがESDを推進する背景については明らかにされていない。そこで，諸宣言の特徴を示しながら，IGU-CGEのもつ地理教育観を明らかにし，ESDを推進する背景について検討する。

第3に，ドイツ地理教育を取り上げ，ESDの視点が入る過程では地理教育においてどのような議論や提案がなされ，受容，実践されているかについて明らかにしようとする点である。先行研究（例えば，志村，2010：177-186）においても，イギリスを例に国レベルにおけるESDの特徴をカリキュラム検討や授業観察を通じて明らかにした研究はあるものの，地理カリキュラムにESDの観点が組み込まれた背景や，ESDを入れるにあたっての議論や提案に関しては十分に述べられてはいない。そこで地理教育にかかわりの深い教育学と地理学から，ESDに取り組むことに対する議論や提案について検討することで，連邦レベルの地理教育におけるESD受容の特徴について明らかにする。さらに州レベルの地理教育に注目し，州地理カリキュラムと地理教科書の検討から，地理学習におけるESD実践の構造および特質についても考察する。

上述のように，地理教育におけるESDの研究は未だに課題が多く残されており，日本の地理教育においても同様の状況にある。本書ではドイツ地理教

育に焦点をあててはいるが，ドイツ地理教育の検討を通じて明らかになった視点や成果は，海外の事例研究にとどまることなく，日本の地理教育におけるESDの課題の克服や，実践やその基盤となる理論に対して貢献できる可能性があると考えられる。また，地理教育におけるESDの研究が議論される中では，地理教育とは何か，何ができるのか，言い換えれば地理教育の本質をめぐる議論もなされている。このような地理教育のあり方や本質をめぐる議論に対しても，本書の貢献は決して少なくはないと考えられる。

3. 研究方法と本書の構成

　地理教育改革におけるESDの役割とESDによる地理教育の変化の特徴，およびESDの視点を入れた地理カリキュラム・学習の構造および特質について明らかにするために，本書では，以下の手順・方法からアプローチした。

　第1章：Stoltman（2006）の研究をもとに，第二次世界大戦以降の世界の地理教育の歴史の整理から，地理教育改革におけるESDの位置づけ，および北アメリカ，ヨーロッパ，アジア（主に東南・東アジア）地域を取り上げ，ESDが各国・地域の地理教育に与えた影響について明らかにする。

　第2章：IGU-CGEの諸宣言の分析から，地理教育におけるESD実践の視点を示すとともに，IGU-CGEのもつ地理教育観を明らかにする。またドイツ地理教育を対象に，諸宣言がカリキュラム政策に対してどのように影響したかについて明らかにする。

　第3章：連邦レベルにおけるドイツ地理教育を対象に，地理カリキュラムの変遷の検討から，ESDの登場背景を明らかにするとともに，地理カリキュラムに影響を与える教育学と地理学の視点から，ESD実践のアプローチを整理する。

　第4章：ドイツ16州における前期中等教育ギムナジウム地理カリキュラムを検討し，改訂状況，コンピテンシー，ESDの視点から検討し，州レベルの地理教育の傾向・動向を明らかにする。

　第5章：PISAショック後のカリキュラム改訂時に，地理と公民分野を統合

した教科を導入したバーデン＝ヴュルテンベルク州（Baden-Württemberg）前期中等教育ギムナジウムを対象に，そのカリキュラムおよび教科書の検討から，ESD の視点および学習内容・学習過程について明らかにする．

　第 6 章：『ドイツ地理教育スタンダード』に準拠したカリキュラムを採用するニーダーザクセン州（Niedersachsen）前期中等教育ギムナジウムを対象に，その地理カリキュラムおよび地理教科書の検討から，ESD の視点を入れた地理カリキュラム・学習の構造および特質を明らかにする．

（注）
(1) ESD の訳語についてはさまざま存在している．日本においては文部科学省を中心に「持続発展教育」が用いられていた時期もある．本書では日本以外の事例も扱うため，ESD の登場時から用いられてきた「持続可能な開発のための教育」で訳語を統一する．
(2) ユネスコ（2010：37-39）によると，ESD の捉え方，実践の方法は各国によって異なっているが，アメリカ合衆国を含め多くの国で環境教育とのつながりで捉えられていることが報告されている．
(3) 阿部（2009）は，あらゆる諸課題の解決に向けた教育が課題教育であると定義している．
(4) 阿部（2010）は，持続可能な開発や持続可能性の概念に対して批評的検討をしている文献として，日本科学者会議（1993）：『日本の科学者』と日本平和学会（1996）：『平和研究』を提示している．
(5) ユネスコ（2004：19）は，ESD が求めなくてはならない価値観として，①世界中のすべての人々の尊厳と人としての権利を尊重し，すべての人々のための社会的・経済的な公平さにコミットすること，②将来の世代の人々の権利を尊重し，世代間の責任にコミットすること，③地球のエコシステムの保護と回復を含む多様性に富んだより大きな生命の共同体に対する尊重と思いやり，④文化的な多様性を尊重し，寛大で非暴力，平和な文化を地方においても地球レベルにおいてもつくることにコミットすること，の 4 点を提示している．
(6) ウェブサイト「持続可能性の辞典（Lexikon der Nachhaltigkeit）」では，次世代に対する自然的な生活基礎の保障を示したドイツ基本法第 20a 条において，間接的に持続可能性の原則が規定されたと示されている．
　https://www.nachhaltigkeit.info/artikel/bundesregierung_638.htm（2016 年 1 月 6 日閲覧）

第1章　世界の地理教育改革とESD

　地理教育はこれまでにさまざまな改革を経験してきた。本章では，地理教育のターニングポイント（転換点）の整理を通じて，地理教育改革におけるESDの位置づけや各国の地理教育への影響を明らかにする。

1. 世界の地理教育の系譜とターニングポイント

　地理教育改革は世界中の多くの国でなされてきた。世界の地理教育の歴史やターニングポイントを整理したものとして，Stoltman（2006）の研究がある。Stoltman（2006）は，地理教育の成立から現在に至るまでを5つの時代（ローマ・ギリシア時代，19世紀後半～20世紀初頭，20世紀初頭～20世紀中頃，20世紀中頃～20世紀末，20世紀末～21世紀初頭）に区分し，各時代におけ

表1-1　各時代のターニングポイント／出来事と主要テーマ

年　代	ターニングポイント／出来事	主要テーマ
19世紀後半～ 20世紀初頭	・世界のさまざまな場所の探索 ・植民地政策	・地名物産地理 ・地球科学としての地理
20世紀初頭～ 中頃	・第一次，二次世界大戦 ・地球規模の対立（冷戦等）	・社会科と地理科 　（カリキュラム議論） ・地域研究
20世紀中頃～ 末	・計量革命（1960年代） ・学習内容，教授法の見直し（1960～90年代） ・グローバルな影響，冷戦終結，地球環境の変化（1980年代）	・国家地理プロジェクト 　（HSGP/Oxford Geography Project） ・ユネスコと地理教育のつながり ・政治的問題，環境問題
20世紀末～ 21世紀初頭	・環境への新たな関心，IGU-CGEの機関誌 *IRGEE* 創刊（1992） ・市民性教育（シティズンシップ）の役割の再評価	・地理教育における環境教育，市民性教育

Stoltman（2006）より筆者作成

る地理教育のメインテーマやターニングポイントを示した（表1-1）。本節では，Stoltman（2006）による世界の地理教育の系譜を紹介しながら，UNDESDの主導機関であるユネスコ，IGU-CGE，その活動に影響を与える欧米諸国の動向を踏まえ，地理教育と課題教育を含むESDとのかかわりについて述べる。

(1) 20世紀中頃から20世紀末までの地理教育

　ユネスコが設立された直後より，ユネスコの理念と地理教育はかかわりが深かった。ユネスコは国際平和の手段として学校教育における国際理解教育を推進しており，とりわけ地理教育においては1950年に，ユネスコ国際セミナー「国際理解を育てる手段としての地理教育」が開催された（志村，2014）。また，同セミナーを通じて国際理解のための地理教育に関する指導書が，ユネスコとIGU-CGEの前身組織を中心に作成・刊行されるなど，戦後の地理教育はユネスコの設立以来，密接な関係を築いてきたと指摘できる。

　1960～90年代にかけては，学習内容と教授法の見直しがなされた時期である（Stoltman, 2006）。地理学習で生徒がかかわる指導と活動方法は，市民活動におけるロールプレイング，ドラマ，価値の明確化，態度の分析，参画を取り込んで拡大した（Salter, 1982）。またPinchemel（1982）は，経済的，社会的，生態的,空間的価値は地理指導固有のものであると述べた。さらにKent（2006）によれば，1960年代以降，世界中の学校における指導と学習は，①教育政策立案者，②地理学の理論家，③教育学の理論家，④プロの教育者，によって支えられた異なる観点を反映した4つの傾向があり，Ballantyne and Gerber（2004）はこれらの傾向を表1-2にまとめている。そのなかで，表1-2中「地理学の本質とその教育的可能性」の「自然科学と人文科学間のつながりとしての地理学」は，地理教育が自然と社会・人文科学の視点から地域や問題を分析できる点を示している。また，この点は地理教育がESDに取り組むことができる根拠として，今日の地理カリキュラムやIGU-CGEの諸宣言においても示されている。

　上述の学習内容，教授法の変化に対しても，国際理解教育は影響を与えていた。1960～80年代にかけては，ユネスコを通じて地理教育の教授書[1]が刊

表 1-2　1960 年代以降の学校における地理指導と学習における傾向

	内　　容
地理学の本質とその教育的可能性	・自然科学と人文科学間のつながりとしての地理学 ・カギとなる事実と概念の指導 ・観察，記録，分析にもとづいた空間研究方法 ・場所の特性，類似・相違，環境システムに関する指導への焦点 ・フィールドワーク，身近な場所，事例研究を通じた指導が強調された大学の地理の方法の教科書 ・異なる指導方法に対する理論的根拠や原理への関心 ・教材の範囲（例えば地図と地図帳，視聴覚教材）
教育のための媒体としての地理学	・地理的探究のカギとなる問いの活用 　（なに，どこ，どのように，なぜ，どのような影響，どのようにすべき） ・カギとなる概念の指導 ・教室や図書館，フィールドとコミュニティにおける学習経験 ・知識，技能，価値観を育む探究的学習 ・指導のためのさまざまな視点の活用（例えば，批判的，発達的，多文化的） ・幅広い戦略を通じた指導と学習 ・活動的な研究者としての教員 ・大学主導の巨大カリキュラム計画を通じた指導模範 　（Geography16-19, Geography14-18, HSGP）
学習の焦点	・地理学に適応される学習プロセスに関する焦点 ・学習者の話し合いと意思決定 ・問題解決，対立の解消，空間計画を通じた生徒の学習のまとめ役としての教員 ・チームやグループをもとにした平等で協力的な学習の重要性 ・地理授業の刺激と課題を通じた学習者の能力育成 ・意図的な学習態度
教育と知識管理に関する焦点	・指導形式と戦略の幅広いレパートリー ・成功した地理指導における優れた技術 ・知識の創造とチームワーク ・知識と情報ネットワーク ・実践の共同体の管理 ・知識管理と課題，目的のつながり ・知識共有の習慣の創造 ・地理の指導と学習を通じた知識の転移の促進

Ballantyne and Geber（2004）を筆者翻訳

行され，その刊行の意図はとりわけ発展途上国や新たに独立した国における教育，カリキュラム，教育政策に対して影響を与えるためであった（Stoltman, 2006）。

　1960 年代には，地理学において計量革命（quantitative revolution）が起こり，"ニュー・ジオグラフィー"と呼ばれる計量地理学[2]（quantitative geography）

が登場した。その影響は地理教育にも及んだ。アメリカ合衆国では，1960年代に大規模なカリキュラム改革が行われた。それが，AAG（American Association of Geographers；アメリカ地理学会）が主導し，高等学校における体系的・主題的な地理学研究の紹介を目的としたHSGP（High School Geography Project；高等学校地理プロジェクト）[3] である。また，1970年代になるとイギリス（イングランドとウェールズ）においては，Oxford Geography Project [4] が展開された。このような1960年代のニュー・ジオグラフィーを提起した国家レベルの地理プロジェクトの考えは，他の国 [5] に対しても広がった。

ユネスコがかかわった2冊の地理教育の教授書の構成の差異に言及した志村（2014：34）は，「地理教育目標では，旧版で強く謳われていた国際理解のための地理教育は実質的に主張されず，地理的概念・プロセスの理解や課題探求・解決の技能習得が強く目指されている」と述べている。また，1970年に開催されたIGU-CGEの委員会では，地理教育における環境学習の必要性について指摘がなされた（志村，2014）。

1980年代末になると，2つのグローバルな影響力によって，大きな変革が起こった（Gerber, 2003）。1つが，冷戦の終結と地政学的トピックに関する考えが表立って示されてこなかった国々や人々に対して，再び注目が向けられたことである。もう1つが，一般的・局地的な地球の環境状態が，科学界などにおいて懸案事項になった点である。1990年代に顕在化した地理の重要課題は，どのようにして学問領域やその教育的使命を，政治的，環境的課題により応じたものにするかであった（Stoltman, 2006）。

志村（2014）が指摘するように，戦後の地理教育の主要課題であった国際理解教育が，常に地理教育におけるメインテーマであったわけではなく，環境学習などESDの下で統合されている課題を，その時代・社会の要請に合わせて個別的に取り組んできたことがわかる。

(2) 20世紀末から21世紀初頭の地理教育

1990年代に入ると持続可能な開発の必要性を主張する環境と開発に関する

国際連合会議（リオデジャネイロ・サミット）が開催されて以降，持続可能な開発の概念は，地理教育が個別的に取り組んできた環境教育や国際理解教育といった課題教育に変化を与えていく。具体的には，持続可能な開発の下で，環境教育と開発教育等が ESD の内容に包含された点が挙げられる（例えば，田中，2008；神田，2010）。

また，リオデジャネイロ・サミットが開催された 1992 年は，地理教育においても重要なターニングポイントにあたる。1992 年は IGU-CGE が世界初の地理教育のガイドラインである「地理教育国際憲章」を刊行するとともに，IGU-CGE の機関誌である *International Research in Geographical and Environmental Education*（*IRGEE*）が創刊された年である。同憲章では，持続可能な開発のために環境教育や国際理解教育，開発教育が貢献するとともに，これら課題教育に対する地理教育の取り組みの必要性が提示されている[6]。

その背景として，環境教育では地理教育と研究，記述，教授法の点において重複した特徴があること（Kent and Jackson, 2000），地理教育が環境的内容を扱い，環境問題の取り組みに関する長い伝統を有すること，環境が世界中の為政者や教育の政策立案者の注目を集めていること（Stoltman, 2006）が指摘されている。これらの点は，課題教育が ESD に統合された現在においても指摘されている。

また，国際理解教育に関して西脇（1993：6-7）は，民主主義社会における世界市民の育成に地理教育が貢献できること，地理復興の機会であること，HSGP が科学的手法に力点を置きすぎた反省から，国際関係・国際政治・世界経済を生徒が洞察できるようにすべきであるといった立場から必要性が唱えられた，と述べている[7]。加えて，課題教育に対する地理教育の貢献点としては，グローバル化へ対応できる学習内容・方法等をもつこと（泉，2006）[8]，地球的市民性を育成できる点（西脇，1993：69）といった点が指摘できる。

この時期は市民性教育（シティズンシップ）における地理教育の役割が確認された時代でもある。イギリスでは 2000 年版ナショナル・カリキュラムにおいて市民科（Citizenship）が登場し，地理科においても市民性教育への一層の

貢献が述べられた。市民性教育における地理教育の役割は十分に伝統のあるもの（Barker, 1927）だが，地理教育特有の貢献点に関しては過小評価されている。地理教育は，なかでも環境的な意思決定，市民性と責任との関係性についての批判的思考，場所における特別な思いを育むこと，そして人々や国に関する考えに関連した価値観を明らかにすることを通じて，市民性教育に貢献している（Stoltman, 2006）。しかしながら，地理教員が将来的な市民生活に対する地理の活用を考慮するよりも，学習内容としての地理の役割を重視しているため，地理の貢献が正確に活かされていなかった（Stoltman, 2006）。

2005年にはUNDESDが開始された。翌2006年には「ESDに関する地理の観点（Geographical Views on Education for Sustainable Development）」を大会テーマとしたIGU-CGEのシンポジウムが開催されるとともに，その成果である「ルツェルン宣言」が2007年に発表された。この「ルツェルン宣言」では，IGU-CGEがUNDESDの展望を共有していることが示されている。この点から，Kent and Jackson（2000）が述べた学習方法における共通性だけでなく，目標・方向性においても地理教育とESDが共通点を有していると指摘できる。

2. 地理教育のターニングポイントとしてのESD

(1) 地理教育におけるターニングポイントの特徴

前節で紹介したStoltman（2006）による地理教育の歴史・ターニングポイントを踏まえ，著者はこれらのターニングポイントを2つに分けた。1つは，地理教育の基盤の1つである地理学における変化である。前節でいえば，世界のさまざまな場所の探索や地理学における計量革命がこれに該当し，その時代の地理学研究の成果や手法がカリキュラム等に影響を与えていた。もう1つが，社会やグローバルな問題に応じて登場した教育課題である。例えば，ユネスコによって戦後展開された国際理解教育，環境教育や市民性教育等である。地理教育はこれらの課題教育に対して積極的なアプローチを行うとともに，地理教育が貢献できる点を常に示してきた歴史をもつ。

(2) 地理教育とユネスコとのかかわり

　表1-1に示したように，ユネスコによる教育は地理教育と密接な関係を構築してきた。とりわけ，ユネスコが UNDESD の主導機関であることから，ユネスコと地理教育とのかかわりについて検討する。

　ユネスコが推進する ESD に対して積極的なアプローチを示す地理教育であるが，地理教育とユネスコの連携の始まりは，1950年にみることができる。この 1950 年は，志村（2014：31）によると「ユネスコ国際セミナー『国際理解を育てる手段としての地理教育』が，カナダ，モントリオール西郊で開催され世界 23 カ国から地理教育関係者が集まり研修を積んだ」年である。

　IGU-CGE の活動からみても，ユネスコとのかかわりは深い。志村（2014）によれば，ユネスコが進めていた教科指導改善のための指導書をユネスコの依頼を受けて作成・刊行し，IGU-CGE の設立の契機やその後の活動には，ユネスコと国際理解が深く関係していた。また，1992年に公表された「地理教育国際憲章」においては，ユネスコ憲章や国際理解，国際協力，世界平和のための教育に関するユネスコ提言を含めたユネスコや国連の取り組みを IGU-CGE が支持する旨が述べられている。この点から，地理教育とユネスコの密接なつながりをみることができる。

　上述のように，地理教育はその歴史において，数多くのターニングを経験し，その時代・社会に応じた教育課題に取り組んできた。過去のターニングポイントやユネスコとのかかわりから ESD をみた場合，①社会や地球規模の問題に対応するための教育として ESD が位置づけられること，言い換えれば ESD が地理教育におけるターニングポイントに強く関与していること，②ユネスコとのつながりから，地理教育が取り組む必然性を有していること，が指摘できる。つまり ESD は，現代の地理教育における改革テーマであるといえる。

3. 諸外国におけるESDの展開・特徴と地理教育

本節では，IGU-CGE の活動に影響を与える北アメリカ地域とヨーロッパ地域，アジア地域の3つを取り上げ，ESD の展開状況を踏まえながら，各地域における地理教育への影響について検討する。

(1) 北アメリカ地域

本項ではアメリカ合衆国（以下，アメリカとする）を中心に，北アメリカ地域における ESD の展開状況ならびに地理教育とのかかわりについて述べる。

アメリカでは比較的近年まで環境意識や環境問題に対する国民の意識が低かったため，アメリカにおける ESD 実践は課題であり，持続可能な開発は他の先進国よりも論争的な状況にある（Lee et al., 2007）。とりわけ ESD の1領域である環境教育からのかかわりをみると，田部・永田（2010：104）が「2009年度になり，より幅広い視点の環境教育を目指して ESD を取り入れる動きがスタートしている」と報告し，環境教育の視点から ESD に取り組むとともに，ESD はアメリカ国民のもつ環境意識の変革を担う役割が期待されていると解釈できる。

地理教育における近年の動向をみると，学会レベルにおける ESD の推進や環境教育との連携がなされつつある（田部・永田, 2010）。また, Lee et al. (2007) は地理・社会科に携わる大学や学校教員（25名）を対象[9]に，ESD の定義やカリキュラムで取り組む ESD のトピックについての調査を行った。地理学習で扱うことのできる持続可能な（持続可能ではない）学習テーマが多いことは以前から指摘されているが，この調査ではアメリカの地理・社会科学習において人口問題や経済発展，その環境への影響に関するものが扱われていることが明らかになった（表1-3）。

また，近年アメリカで展開された地理教育に関するプロジェクトの報告書『21世紀の地理教育のためのロードマップ－地理教育研究－（*A road map for 21st*

表1-3 アメリカ地理・社会科教員が取り組むトピック

トピック	人数	トピック	人数
汚染	25	水資源	21
人口	24	**経済発展**	20
気候・地球規模の変化	23	温室効果	20
人間の環境的相互作用	23	環境変化	19
論争	22	（非）再生可能資源	19
熱帯雨林	22	環境悪化	18
砂漠化	21	貧困と環境	18

注：表中太字は強調すると回答したトピックである．
Lee *et al.*（2007）を筆者邦訳，一部修正

century geography education：*Geography education research*）』が2013年に公表され，この中で地理教育の目標に関する議論がなされた（Bednarz *et al.*, 2013：19）。この議論の過程では，持続可能な開発やESDに関する内容は，直接は登場していない。しかしながら，地理学が将来を考慮している点や，持続可能性といった地理学の本質を地理教育へ反映するべきであると提示された。

アメリカ地理教育の歴史をみた場合，過去に大きな地理教育改革を経験している。そこでは，体系的・主題的な地理学研究であるHSGP，地理学の五大テーマ（Fundamental Themes in Geography）および地理教育ガイドラインなど「地理学の本質・性格」を視点に，地理教育のあり方について議論・提案がなされてきた。

また，地理のナショナル・スタンダードにおいては，持続可能な開発に対する言及をみることができる。ソルム・ヘフロン（2016）は，地理のナショナル・スタンダードである『生活のための地理：ナショナル・スタンダード（*Geography for life：National Geography Standards 2nd ed.*）』の序文の各節において，持続可能な開発に対する地理的知識の重要性が言及されていること[10]を指摘している。

アメリカ地理教育におけるESDの受容を考えた場合，環境や持続可能な開発に関するテーマに取り組む必要があるという地理学の姿勢が，現在のアメリカ地理教育に影響を与えたと考えられる。

(2) ヨーロッパ地域

　ヨーロッパ地域では，EU加盟国による個別の取り組みとともに，EU全体で持続可能な開発を意識した共通政策が展開されている点に，特徴がある。政策の担い手が，EUならびに国連欧州経済委員会（UNECE）であり，Ricard（2013）によると，EUはEU加盟国における市民教育とトレーニングに最大の責任を負い，UNECEは加盟国がUNDESDの目標と目的を達成するように支援をしている[11]。

　学校教育においては，ヨーロッパの多様で幅広く複雑な教育制度のなかで，新シラバスにおける環境教育からESDへの移行を受け，加盟国で多様な革新的事業がなされている（Ricard, 2013）。例えば，イギリスにおける「サステイナブル・スクール（Sustainable School）」，スウェーデンの「グリーンスクール・アワード（Green School Award）」，ドイツの「トランスファー21（Transfer-21）」などが学校教育におけるESDを推進するために行われた事業であり，これらは学校全体でのESDの取り組みを意図したものである。またSato and Goto（2013）は，既存カリキュラムとのつながり（サステイナブル・スクール）や，国家カリキュラムとの応対関係（グリーンスクール・アワード，トランスファー21）を報告している。

　地理教育においても，ヨーロッパ全体で取り組む課題と各国で取り組む課題がある。例えば，ヨーロッパ域内における標準的スクールカリキュラムの導入が提唱されている（森川ほか，2012）。また，イギリス（イングランド），フィンランド，ドイツ，スペインを対象に，地理教育の状況を調査したButt et al.（2006）において，ヨーロッパにおける地理教育の共通点や現在直面する課題が明らかにされた。そのなかでは，地理の役割・性格の変化が指摘されている。ヨーロッパ地域では伝統的に価値があるものとして「地理（geography）」が教えられていたが，現在では持続可能な開発に関する開発教育，環境への関心，市民的資質や政治的リテラシー等のための目的達成の手段として組織された「地理的研究（geographical studies）」が教えられている（Butt et al., 2006）。

　この背景にはButt et al.（2006）が指摘するように，ヨーロッパ地域における

地理教育の目標が自立的で主体的な市民の育成であることが考えられる。市民の育成という観点からいえば、ESD もまた市民の育成に寄与するものであり、学校教科である地理においても究極目標として市民の育成が目指されている[12]。伝統的な地理教育から地理的研究を通じて、現代的課題の解決のために必要な資質・能力を生徒たちに獲得させるという新たな地理教育の役割が、地理教育が ESD に取り組む要因の 1 つになっていると考えらえる。

また、ヨーロッパ各国の地理カリキュラムをみた場合も、ESD や持続可能な開発は地理教育における重要なテーマとして位置づけられている。例えばイギリスでは、「カリキュラム制度上 ESD が教科横断的な 5 つの学習領域の 1 つとして位置づけられ、その中心を担う教科が地理」（志村、2010：186）であり、フィンランドにおいても、クロス・カリキュラム的テーマの 1 つに持続可能な開発が示されている（Butt *et al.*, 2006；タニ、2016）。

このように、ヨーロッパの学校教育における ESD は、学校全体での取り組みと位置づけながらも、各教科での取り組み、言い換えれば各教科の特性に応じたアプローチが求められていると解釈できる。

（3）アジア地域

アジア地域は広範囲かつ多様な国々によって構成されているため、持続可能な開発に関する課題や優先事項は、表 1-4 に示すように多岐にわたる。この地域における ESD は、フォーマルな教育環境で最も活発である（ユネスコ、2010：24）。また、ESD 提案国である日本が含まれていることもあり、ESD 推

表 1-4　アジア・太平洋地域における SD 優先事項

SD の柱	SD 優先事項
社　会	優れた統治, 男女平等, 健康および HIV・エイズ, 性と生殖に関する健康, 平和または紛争, 人権, 教育の機会, 人身売買, 薬物中毒
文　化	文化遺産, 文化財の保護, 先住民の知識
経　済	都市化, 貧困, 食糧安全保障, 農村開発
環　境	気候変動, 真水, エネルギーまたは天然資源, 大気汚染, 砂漠化, 環境保護, 生物多様性, 自然災害

ユネスコ（2010：23）より引用

進に向けた取り組みが数多く報告されている[13]。例えば中国について植村（2011）は，「持続可能な開発」の戦略が国際的な文脈における「持続可能な開発」と距離があると述べ，中国特有の社会・政治的背景が色濃く表れていると指摘した。

　Lam *et al.*（2006）によれば，アジア地域[14]のほぼすべての国や地域では，過去10年の間に大規模な教育改革によってカリキュラムの方針が変わり，また社会科や統合教科の導入に伴い，必修であった地理の立場が徐々に変化している。このような状況下で，地理教育研究者や教員の課題は，国民（公衆）に対して，地理の学問的必要性だけでなく，地理がグローバル化する世界においてふさわしい教科であることを明確に示すことである（Lam *et al.*, 2006）。

　アジア地域では，地理教育の意義，とりわけグローバル化する世界において地理教育が果たす役割が問われている状況にあるといえる。このように地理教育の意義が問われている中で，持続可能な開発と地理教育との接点が注目されている。地理教育研究者の立場からは，地理は生徒の一般的思考や学習スキルの獲得とともに，身近な地域，国家，地球規模における持続可能な開発の達成のための重要な役割をもつことが主張されている（Lam *et al.*, 2006）。このように教育改革がなされたアジアでは，地理教育の意義が再び問われるとともに，地理教育がESDに取り組むことで地理教育の存在意義を主張している状況にあると考えられる。

　また，アジア各国で現在施行されている地理カリキュラムにおいても，さまざまな側面から持続可能な開発やESDが位置づけられている。例えば，香港や韓国[15]を含む2000年代後半に地理教育改革を進展させた国・地域の地理カリキュラムを，カリキュラムの内容，学習方法，価値態度から考察した金（2012a）では，カリキュラムの内容構成では概念・主題が重視され，その概念には持続可能な開発など新たな概念が含まれていること，価値・態度に関しては，持続可能な社会を形成する市民的資質の育成が重視されていることが明らかにされている。

(注)
(1) 1965年には『地理教授のためのユネスコ・ソース・ブック（*UNESCO Source Book for Geography Teaching*）』，1982年にはその改訂版にあたる『新版　地理教授のためのユネスコ・ソース・ブック（*New UNESCO Source Book for Geography Teaching*）』が刊行された．また，1950年の国際セミナーにおける諸提言，翌1951年に刊行された『ユネスコ　新しい地理教育のあり方－世界理解のために－（*A Series of UNESCO Publication for Teachers*, vol.10）』においても，地理教育の研究者がかかわっている．各刊行物の内容については，志村（2014）を参照のこと．
(2) 統計学を含めた種々の計量的手法を用いて，地表事象の空間的秩序や空間構造の法則・理論を追求しようとする地理学の1分野（浮田編，2012：72）である．
(3) 日本においてもHSGPを分析対象とした研究は多く，草原（1996）はその課程編成の分析から，「社会科学科としての地理」であると述べている．また，金（2012b：61）は，「HSGPにおける地理的探究にもとづく学習は，1970年代の米国においてはあまり普及しなかった」と述べている．
(4) 志村（2010：107）によると「Oxford Geography Project」は，計量地理学の影響を強く受けた教科書である．
(5) Stoltman（2006）は，ドイツ連邦共和国（当時の西ドイツ）やイスラエルで同様のプロジェクトがあったことを報告している．金（2012b：61）も，イギリスとオーストリア，カナダ，日本，韓国などの諸外国の地理教育改革において広く影響を与えたことを指摘している．また，HSGPを参考にドイツ連邦共和国でなされた「RCFP（Raumwissenschaftliche Curriculum-Forschungsprojekt；地域科学的カリキュラム研究計画）」に関しては，水岡（1981）がその概要を日本に紹介した．
(6) 地理教育における各課題教育における実践の方向付けに関しては，西脇（1993：69-75）による研究がある．
(7) 西脇（1993：6）は，AAGによる報告書内で示された地理学における国際理解教育の貢献点について提示している．その貢献点は以下である．
　①世界の取り巻く社会・文化・経済の相互関係を，天然資源や自然的・生態的環境との関連で分析できる．②互恵の精神を尊重しながら，それぞれの場所の位置の重要性を，適切な地図表現を交えて分析できる．③世界各地の地域的多様性を分析できる．④国家間の結び付きの特徴を，財・資本・思想などの交流や政治的影響力などに注目しつつ分析できる．⑤各々の国家・地域の諸問題を世界的文脈で分析できる．
(8) 泉（2006：112）は，「異文化理解や地球的諸課題を学習テーマに据え，それら

について地理的技能を駆使しながら，地域性を踏まえ追究・考察することで，現代世界の地理的認識や地理的見方・考え方の育成をはかっている」ことが，グローバル化への対応につながることを述べている．

(9) 調査対象の選定，調査方法等の詳細については Lee *et al.*（2007）を参照のこと．

(10) 詳細については，ソルム・ヘフロン（2016：31-38）を参照のこと．

(11) EU における取り組みとして「科学と教育プロセス（Science and Education process）」を開発したほか，UNECE は 2005 年に「ヴィリニュス戦略（Vilnius Strategy）」を，EU を拡大させたメンバーによって「持続可能な開発のためのヨーロッパ戦略（European Strategy for Sustainable Development, ESSD）」が 2006 年に導入された．

(12) カリキュラム論の視点から地理教育と ESD の関係を述べた卜部（2009）は，①地理教育はその役割や目標に応じて内容が吟味できる一方，ESD は一般的な資質や能力を形成するという視点から議論されること，②地理教育がナショナル・カリキュラムであるのに対し，ESD はグローバル・カリキュラムである，といった両者の差異を示した．

(13) 中山・佐藤（2011）が日本政府の取り組みや，日本を含むアジア太平洋地域における取り組みについて報告している．

(14) Lam *et al.*（2006）では中国（本土，台湾，香港），日本，韓国，フィリピン，インドネシア，マレーシア，タイ，シンガポールに焦点をあてている．

(15) 韓国では持続可能な開発の概念が，2007 年の地理カリキュラム改訂時に初めて導入された（Lee and Butt, 2014）．

第2章　国際地理学連合・地理教育委員会による地理教育振興策とESD

1. 国際地理学連合・地理教育委員会の活動方針

　IGU-CGEは，国際的な地理学者の組織であるIGU（国際地理学連合）内に設置された専門委員の1つである。IGUは1922年にブリュッセルで設立され，設立の目的は，①国際的協力を必要とする地理学研究の指導と調整，②すべての加盟国内，または加盟国間の地理学的資料や情報の収集と普及の促進，③地理学における研究法・命名法・記号などの国際標準化あるいは相互互換化の推進，の3つである（中山訳，1993）。

　IGU-CGEはIGUのなかでも活動期間が長い専門委員会である（Chalmers, 2006）。IGU-CGEは今日に至るまでに数回名称を変更しているが，志村（2014）によると，地理教育に関する委員会の正式な設立は1950年代である。第1章で述べたようにIGU-CGEはユネスコとのかかわりが強く，2000年代以降は地理教育におけるESDの推進に力点を置いている[1]。

　IGU-CGEは，以下の9つの活動目標を掲げている[2]。

・世界中で地理教育を促進するという取り決めに従って，IGUの目的を実行すること
・「地理教育国際憲章」，「文化多様性のための地理教育に関する国際宣言[3]（International Declaration on Geographical Education for Cultural Diversity）」の普及を通じて，学校教育，高等教育，職業教育，地域教育における地理教育の地位を高めること，地理教育におけるより高い国際スタンダードを開発すること，そして学校教育，大学教育における地理の地位，役割，イメージを向上させること

・地理教育における関連問題に関する地域的な調査，異文化間での調査を行うための，国際的な研究文化を発展させること
・環境教育や開発教育を研究，発展させること
・地理教育の向上のための技術や方法を研究すること
・インターネット標準や審査を受けた教材が掲載された委員会のウェブサイトを開発すること
・研究にもとづく教授法を組み入れた質の高い指導法や教材を作成するために，他のIGU委員会と連携すること
・行動的で見聞の広い市民やより充実した生活を促進するための重要な媒体としての地理教育の意識を高めるために，すべての国における市民のための能力を発展させること
・学者の共同体としての本委員会を強化するために，世界中の地理教育の研究者間での情報伝達を向上させること，そして全レベルの地理教育における教授の学識を向上させ，貢献すること

　IGU-CGEは，世界中におけるさまざまな教育段階での地理教育の普及を掲げている。また，IGU-CGEが意図する地理教育は，地理学の研究成果を単に伝達するのではなく，地理教育を通じて行動的で見聞の広い市民やより充実した生活を促進することである。そして，地理教育とかかわりが深い環境教育や開発教育の研究もまた，IGU-CGEの目標の中に組み込まれている。
　世界中の地理教育の地位の向上等で役割を果たすのが，1992年公表の「地理教育国際憲章」を筆頭に，約8年から10年に一度の割合で作成・公表される諸宣言である。次節以降では，IGU-CGEの諸宣言を取り上げ，IGU-CGEの地理教育観，そしてESDと地理教育とのつながりについて検討を試みる。

2. 国際地理学連合・地理教育委員会の地理教育振興策

(1) 国際地理学連合・地理教育委員会による地理教育振興策としての諸宣言

IGU-CGE は世界的な地理教育の振興を図るため，今日に至るまで 4 つの憲章，宣言[4]を発表することにより，地理教育の重要性，有効性を発信してきた。本節では 1992 年の「地理教育国際憲章」（中山訳，1993），および 2007 年の「ルツェルン宣言」（大西訳，2008）を分析対象とし，諸宣言が示す地理的能力や地理教育の方向性について明らかにする。

IGU-CGE の諸宣言については，日本国内において多くの先行研究がある。「地理教育国際憲章」に関しては，西脇（1998），井田（2003）や金（2008）による研究があり，国際的なレベルにおける地理的技能や地理的見方・考え方についての考察がなされている。また「ルツェルン宣言」に関しては，その内容の分析から教材開発の視点を示した中山（2011）や，「ルツェルン宣言」で提示された「人間－地球」エコシステムを分析した梅村（2012）の研究がある。

IGU-CGE 諸宣言（国際ガイドライン）の作成・開発は，IGU-CGE の掲げる活動目標の 1 つ（中山訳，1993）であり，「地理教育国際憲章」が制定された際には，自国のカリキュラム改訂時に，同憲章の内容を積極的に盛り込む努力をすることが合意されている（中山，2009）。また，この点は「地理教育国際憲章」だけでなく，その後発表された諸宣言においても同様の取り組みが求められていると考えられる。次項では諸宣言が提示する国際スタンダードとしての地理的能力，ESD の学習要素について検討する。

(2) 地理教育国際憲章

「地理教育国際憲章」は，地理教育に関する初の国際ガイドラインであり，地理学の教育への貢献，地理教育の内容，振興のための方策等が内容として盛り込まれている。本項において「地理教育国際憲章」を取り上げる意義は，以下の 2 点にある。

1 点目は，「地理教育国際憲章」が地理学の立場から教育に対する貢献点を明確に提示している点である。本文中では地理学の概念や，研究方法，学際性といった学問的性格が示されている。しかしながら「地理教育国際憲章」では，地理学の有効性を示しながらも，地理学それ自体を学ぶことではなく，地理学

習を通じた地理的能力の獲得，ひいては市民の育成を目指している。この地理的能力や市民像を分析することによって，地理教育の方向性を示すことができる。

2点目は，「ルツェルン宣言」が「地理教育国際憲章」をESDの観点から再構成されている点である。地理教育におけるESD実践の基礎は，「地理教育国際憲章」にあるといっても過言ではない。中山（2011：11）もまた，「同憲章の持続可能な開発の重要性に関する認識は，先見性に満ちていた」と述べている。しかしながら「地理教育国際憲章」の記載内容においてESDの観点との直接的な関連性については述べられていなかった。「地理教育国際憲章」におけるESDの観点を明らかにすることによって，「ルツェルン宣言」以前におけるESDに対する地理教育のアプローチを知ることができる。

本項ではこれらを踏まえ，「地理教育国際憲章」における到達目標の方向性と内在するESDの観点を明らかにする。

① 地理学を基盤とする到達目標

「地理教育国際憲章」において地理教育の到達目標は，第4章の地理学の教育への貢献」に記載されている。第4章の小項目「地理学と教養」では地理的知識・理解，技能，態度ならびに価値形成の3側面から地理教育の目標を設定している。これらの目標は，アメリカの地理教育における到達目標を示した「地理学の五大テーマ」[5]の影響を大きく受けている。これは，「地理教育国際憲章」の第3章「地理学の本質と概念」で「地理学の五大テーマ」が全面的に採用され（中山訳，1993），また「地理学の五大テーマ」は地理教育の基本的目標を簡潔明瞭に提示している（中山，1991）ことから，地理教育の到達目標を示した第4章においても十分に反映されていると考えられる。

表2-1は「地理教育国際憲章」で提示された地理的知識・理解の到達目標を，「地理学の五大テーマ」の視点から分析したものである。地理的知識・理解では，地理学がもつ自然科学と人文・社会科学を接続する「学際性」の考えや，「多様な地域スケールに対応できる」といった特徴をみることができ，複数の科学的視点を用いた地理的事象へのアプローチ方法や，地理特有の見方・考え方が反映されている。

2. 国際地理学連合・地理教育委員会の地理教育振興策　27

表 2-1　地理的知識・理解の到達目標

内　容	地理学の五大テーマの観点
ア．国家的あるいは国際的なできごとを地理的視野におき，基本的な空間的相互認識関係を理解するための位置と場所の特徴に関する知識と理解	地理的事象の起きている位置や場所の特徴を捉えるとともに，その要因に関する知識を身に付ける（位置，場所）
イ．生態系内部のあるいは生態系間の相互依存作用を理解するための地表面の主要な自然現象に関する知識と理解	自然科学的システムから場所を捉え，自然地理学的現象に関する知識を身に付ける（場所）
ウ．場所の特質を読み取る方法を取得するための地表面の主要な社会－経済システムに関する知識と理解	社会科学的システムから場所を捉え，人文地理学的現象に関する知識を身に付ける（場所）
エ．人類のもつ文化遺産を尊重するのに必要な，世界の人々と社会の多様性に関する知識と理解	人間生活の多様性を捉えるための相互依存関係に関する知識を身に付ける（場所における相互依存関係，移動）
オ．日常の行動空間としての郷土や国土の構造や形成過程に関する知識と理解	身近な地域を，人間が形成したシステムとして捉えるための知識を身に付ける（移動，地域）
カ．地球的規模での相互依存のための取り組みと相互依存の機会に関する知識と理解	地球的スケールから，地理的事象の相互依存関係（環境，社会，経済）を捉えるための知識を身に付ける（場所における相互依存関係，移動）

注：地理学の五大テーマは，「位置」，「場所」，「場所における相互依存関係」，「移動」，「地域」である．
中山訳（1993）より筆者作成

表 2-2　地理的技能の到達目標

内　容	地理的技能
ア．記述的説明，計量手法，解説，写真，グラフ，表，構造図，地図などの活用	地理的資料の活用スキル
イ．野外観察，測量，面接調査，二次資料の分析，統計分析などの各種技法の応用	地域を研究，分析するための地理学の研究方法
ウ．地域社会から国際社会に及ぶさまざまなスケールでの地理的課題を発見するための意思疎通，思考，実践的・社会的技能の活用	地理的課題を学習対象となる地域スケールに合わせて分析するスキル

中山訳（1993）より筆者作成

　地理的技能に関する到達目標（表 2-2）では，地理学における地域調査の手法がもとにされている．各目標を分析すると，アは基礎的な統計資料を含む資料の読み取りと活用，イはフィールドワークによる調査・検証法，ウは多様なスケールからの分析手法をもとにして設定されている．これらの点から，地理的技能では，地理学者の分析方法あるいは研究方法を身に付けることが到達目標であるといえる．

一方「地理教育国際憲章」では，ウの効果向上のために生徒・児童が習得していなければならない事項として，①課題や論点の明確化，②情報の収集と構造化，③データの処理，④データの解釈，⑤データの評価，⑥一般化，⑦判定，⑧意思決定，⑨問題解決，⑩グループでの協同活動，⑪明確な態度による首尾一貫した行動が挙げられている。西脇（1998）は⑨から⑪は，態度・価値形成に関する事項であり，地理学で用いられている技能の範疇を越えたものであると指摘した。この点からわかるように，ウの項目は，地理学の技能を基盤にした市民性の育成に不可欠な価値判断，態度形成に関する技能の到達目標を提示している。とくにスケールに関する言及は，地理的技能だけでなく，地理的知識・理解においてもみることができる。このスケールに関する内容は，地球的市民の育成に関連している。これは地理教育が対象とする地域が，身近な地域から地球規模までのスケールまで扱うことと深く関係する。「地理教育国際憲章」では，市民の指す範囲を学習者の身近な地域から地球規模を想定しており，地理学固有の研究方法を用いて地理的課題の発見・分析を行うだけでなく，それを踏まえ，地域スケールを考慮した解決方法を検討できる地球的市民に必要な能力を提示している。

表2-3は「関心」，「評価」，「実践」の観点[6]から，態度ならびに価値観形成のための到達目標を分析したものである。「地理教育国際憲章」では，地理的事象への関心にとどまらず，問題を解決するために必要な価値観の形成，そして地域スケールに合わせた行動を生徒に求めている。とくに価値観に関してはキの「人権に関する世界宣言」や，ウにおいて「持続可能性」あるいは「持続可能な開発」が価値形成の基準として示されている。また，「地理教育国際憲章」が提示する市民像は，地球的市民[7]であり，3つの到達目標（地理的知識・理解，地理的技能，態度ならびに価値形成）すべてに，地球的市民に関連する内容が盛り込まれている。

到達目標を分析した結果，「地理教育国際憲章」が示す地理教育の方向性として，「地理学の五大テーマ」を根底にした地理的知識を用いて，多様なスケールから問題を発見，分析を試み，世界基準の普遍的価値を判断基準として地域

表 2-3 態度ならびに価値観形成のための到達目標

内　容	態度ならびに価値形成
ア．身の周り，あるいは地表面の多様な自然や人間活動へ強い関心を示すこと	地理的事象への関心（関心）
イ．一方で自然界の美しさ，他方では人々の多様な生活状態の正しい認識ができること	地理的事象をシステム的に捉えようとする意欲（関心）
ウ．次世代のための環境ならびに人間居住の質とその保全計画に関心を抱くこと	将来世代における環境，人間生活における持続可能性への関心（関心）
エ．意思決定における態度や価値観の理解が十分にできること	意思決定や価値観の形成に関する姿勢（評価）
オ．私生活，職業生活，社会生活において，適切かつ責任をもって地理的知識と技能の応用が素早くできること	社会的状況に合わせて地理的能力を活用しようとする態度（実践）
カ．人々の平等な権利を尊重すること	普遍的な価値観を判断基準に行動しようとする態度（実践）
キ．「人権に関する世界宣言」を踏まえた上で，地域社会的，地方的，国家的，また，国際的な諸問題の解決に献身できること	現代的諸問題を地域スケールに合わせて解決しようとする態度（実践）

中山訳（1993）より筆者作成

スケールに適した行動ができる地球的市民の育成を目指していることが明らかになった。

② 地理教育国際憲章に内在するESDの観点

「地理教育国際憲章」が発表された1992年は，同時に「持続可能な開発」においてもリオデジャネイロ・サミットが開催され，その成果である「環境と開発に関するリオ宣言」および行動計画である「アジェンダ21」が発表された年である（中山，2011）。この点は地理教育とESDのつながりを示す意味で重要である。また，内在するESDの観点はこれだけにとどまらず，より重要で具体的な知見は以下にある。

「地理教育国際憲章」第4章の小項目「地理学と国際教育，環境教育並びに開発教育」では，課題教育実践における地理教育の有効性および留意点，注意点が示されている。留意点に関して，国際教育では6点，環境・開発教育では3点が示されている。課題教育の目標は，問題の解決を目指すという方針で一致するが，国や地域のおかれているさまざまな要因から，多様な実践方法や授業が提唱されている。そのなかで提示された9つの留意点は，各国の地

理教育における課題教育への共通の取り組み方を示すとともに，その多くが UNDESD-IIS の項目においてもみることができる。つまり，地理教育では ESD を扱うための重要な知見をすでに，UNDESD 以前から有していたといえる。

（3）持続可能な開発のための地理教育に関するルツェルン宣言

「地理教育国際憲章」に続く「ルツェルン宣言」は ESD の観点から「地理教育国際憲章」を再構成したものである。「地理教育国際憲章」の分析結果を踏まえ，「ルツェルン宣言」と比較検討することで，ESD を視野に入れた地理教育はどのような特徴があるのかを明らかにすることができる。このため「ルツェルン宣言」に対して，以下の2点から分析を試みる。

1点目は，「ルツェルン宣言」で顕在化した ESD の観点である。ESD の観点が入ることで，「ルツェルン宣言」の示す地理教育は持続可能な社会の構築に向けて特化することになった。しかしながら，一見しただけでは「地理教育国際憲章」が示した地理教育との相違は明瞭ではないが，「ルツェルン宣言」で顕在化した ESD の観点は，従来の地理教育との違いを大きく示した点であり，ESD を視野に入れた地理教育の重要点を示すことができる。

2点目は，ESD 実践のための地理的能力である。持続可能な社会を構築するための市民に求められる能力については，各国の地理教育の文脈で多様に定義することができる。その中で国際的なレベルにおける地理教育の能力を定義した点で，「ルツェルン宣言」には価値があり，地理的能力を分析することで，持続可能な社会の構築に向けて地理的能力を獲得する有効性・重要性を示すことができる。

① 顕在化した ESD の観点によるカリキュラム編成の変化

「地理教育国際憲章」および「ルツェルン宣言」の作成者の一人である Haubrich（2007）は，ESD のための地理カリキュラムの種類（表2-4）を以下のように提示した。

表2-4を踏まえ，「ルツェルン宣言」に包摂された ESD の観点は，以下の2点であると考える。1点目は，地理教育のもつ学際性を反映したクロス・カリ

表2-4　ESDのための地理カリキュラムの種類

- 独立した地理科コースのカリキュラムの必要性
- 学際性のあるコースもしくは最低でも異なる教科間における連携の必要性
- 異なる教科を集約したカリキュラムの必要性
- すべての項目を地理科では教えることができないので、それゆえに地域の実情に合わせて項目を選択する必要性

注：すべての項目とは、「アジェンダ21」で提示された項目（汚染、性差、新技術、生物多様性等）を指す．
Haubrich（2007）より筆者作成

キュラム的特徴である。2点目は、各国の事情に合わせたカリキュラム作成を求める点である。「地理教育国際憲章」では、地理教育の独立性（独立教科としての地理）を主張し、「地理教育国際憲章」の内容を各国に反映させることを図っている。しかしながら、「ルツェルン宣言」では、各国の事情に合わせたカリキュラムの作成を求めており、「地理教育国際憲章」の主張を変更していることがわかる。この背景は、*UNDESD-IIS* の方針を考慮し、「ルツェルン宣言」が作成されたことにある（中山ほか、2012a）。世界におけるESD促進を目的にユネスコが作成した *UNDESD-IIS* は、各国のESD促進の指針となるものであり、各国独自のESD実施計画によって促進される。*UNDESD-IIS* は各国の実施計画のために、作成の観点や基準、方法を提示したものであり、「ルツェルン宣言」においても、各国の地理教育の流れを踏まえたうえで、地理教育におけるESDカリキュラムの作成を求めていると解釈できる。

② ESD実践のための地理的能力

「ルツェルン宣言」では「地理教育国際憲章」で提示された到達目標（地理的知識・理解、技能、態度ならびに価値形成）を基礎に、持続可能な開発を実行するための地理的能力を提示している。本項目では、ESDの観点から再構成された地理的能力について、「地理教育国際憲章」との相違を示すとともに、ESDの実践に特化した点について検討する。

表2-5をみると、「地理教育国際憲章」で提示された地理的知識・理解を「ルツェルン宣言」においても継続して重視していることがわかる。特徴として、場所や空間をシステム的に捉えることが「地理教育国際憲章」よりも更に

表 2-5　ESDのための地理的知識・理解

内　　容	地理的知識・理解
生態系の相互作用を理解するための地球のおもな自然システム	自然科学の観点から，学習の対象となる場所を自然システムとして捉える
場所の意味を考え合わせるための地球の社会－経済システム	社会科学の観点から，学習の対象となる場所を社会－経済システムとして捉える
空間概念－生徒が世界を理解する助けになる地理学独自のカギとなる考え方．例えば立地，分布，距離，移動，地域，スケール，空間的関連性，空間的相互関係，そして時代変化	地理学研究における基本的な考え方であり，学習内容に応じてさまざまな地理学的視点から捉える

大西訳（2008）より筆者作成

表 2-6　ESDのための地理的技能

内　　容	地理的技能
コミュニケーション，思考，ローカルから世界までの範囲で地理的なトピックスを探求する実践的な社会的スキルを用いること	地理的課題を学習対象となる地域スケールに合わせて探求するスキル

大西訳（2008）より筆者作成

強調している点である。これは IGU-CGE が ESD に対して「人間－地球」エコシステムの視点をもつこと，そして同システムの営力を維持する必要（大西訳，2008）が背景にあるためである。このことから，「持続可能な開発」の視点から場所や空間を自然，社会科学あるいは両学問の視点から考察することが求められている。またそのシステムが影響を与える範囲（空間）に関しても，身近な地域から地球規模の課題までの多様なスケールで分析する能力の育成が重要視されている。すなわち，「ルツェルン宣言」は，ESD が諸科学の視点，多様なスケールから問題を発見，分析する際に，地理学のもつ研究方法や見方・考え方が有効であることを改めて示している。

　表 2-6 から，地理的技能に関しても，「ルツェルン宣言」では「地理教育国際憲章」とほぼ同様の内容を提示されていることが明らかである。これらの地理的技能は地理学で用いられる技能の範疇を越えたものである。つまり，地理学の調査技法を活用して分析を行ったうえで，その結果を他者と議論し，意見を調整あるいは代替案を出す教育的な技能育成もまた，ジレンマを含む問題を扱う過程には必要不可欠な技能と考えられている。「ルツェルン宣言」では，

表 2-7　ESDのための態度と価値観

内　　　容	態度ならびに価値形成
「世界人権宣言」にもとづくローカル，地域，国家的および国際的な課題と問題の解決を模索することに対する献身的努力	現代的諸問題を地域スケールに合わせて解決しようとする態度（実践）

大西訳（2008）より筆者作成

　これらの地理的技能とともに，持続可能な開発を高めるための学際的な能力を組み合わせることによる ESD の実践を促している。

　表 2-7 では問題の解決にあたり，「持続可能な開発」の概念を用いての問題解決が求められている。また「地理教育国際憲章」から引き続き，地球的市民の育成が目指されている。しかしながら「ルツェルン宣言」では，カリキュラム作成時に目指される市民像は各国共通ではない。各国における国民像，市民像ならびに UNDESD-IIS 等が提示する地球的市民像との差異等を比較，検討したうえで，育成する市民像をカリキュラムに反映する必要があり，この点は十分考慮されなければならない。

　「ルツェルン宣言」は，「地理教育国際憲章」を基礎としながらも，ESD の観点が盛り込まれたことで，学際性の考え方，カリキュラムにおける地理の位置づけに大きな変化があったことが分析からわかった。また地理的能力においては，持続可能な社会を担う市民の育成を視野に入れながらも，その市民を育てる土台となる社会を理解するための知識や概念，技能が，簡潔に定義されていた。

　以上の点から，「ルツェルン宣言」は ESD に対する貢献箇所を示し，世界の地理教育に ESD 実践のあり方を示すと同時に，地理教育の重要性・有効性を改めて提示するものであることがわかる。

3. 諸宣言にみる国際地理学連合・地理教育委員会の地理教育観とドイツへの影響

(1) 国際地理学連合・地理教育委員会の諸宣言の一貫した理念

　IGU-CGE による「地理教育国際憲章」と「ルツェルン宣言」には地球規模における普遍的な価値や倫理を根底とした一貫した地理教育の目標が設定され

ている。Haubrich（2009：80）は，「地理教育はよりよい現代，将来世界のために若い世代を教育することによって重要な役割を果たしている」と述べ，その目標のために地球的倫理と適切な教科の専門的知識が必要であると指摘している。また，Haubrich（2009：79）は「社会や環境の変革に対する積極的なアプローチは委員会の宣言の重要な要素である」と述べていることから，これらの価値観や倫理観を用いて社会変革を行うことのできる市民を育成することに最終的な目標が置かれていることがわかる。このように，社会の持続性のために社会や環境の変革を求めている点で，ESDと地理教育は接点をもつ。

また，IGU-CGEの諸宣言が提示する地理的能力等は，各国の地理教育（カリキュラム）に対して適応可能なフレームワークを示している。諸宣言の内容をどのように自国の地理教育（カリキュラム）に位置づけるかは，各国の地理教育の状況に影響されると考えられる。つまり具体的な国の地理カリキュラムを分析することで，その国の地理教育における諸宣言に対する取り組みの特徴，ESD実践の独自性・固有性を見出すことができると考える。

（2）ドイツ地理教育への影響

IGU-CGE諸宣言を，自国の地理カリキュラムあるいは地理教育研究において取り組んできたのがドイツである。この背景には，IGU-CGEの委員長（1988～96）を務めたハウブリッヒ（H. Haubrich；Pädagogische Hochschule, Freiburg：フライブルク教育大学）の影響があると考えられる。彼は「地理教育国際憲章」の原案を作成する（中山訳，1993）とともに，ドイツ国内のカリキュラム作成にかかわってきた。また，ドイツはヨーロッパにおけるESD先進国の1つであり，地理教育においても「持続可能な開発」あるいはESDをどのように扱うかという研究がなされてきた。これらの点から，ドイツの地理教育においてIGU-CGEの諸宣言を国内に取り組みながら，ESDの実践を模索してきたのではないかと考えられる。

ドイツでは，教育政策に関して各州政府に強い権限が与えられ，州ごとに日本の学習指導要領にあたるレールプラン／カリキュラム（Lehrplan/Curriculum）

が設定されている。地理科 [8] もまた，各州独自のレールプランが設定されているが，大高 (2010) によると，1980 年にさまざまな学校種の存在による多様なレールプランに最小限のコンセンサスをもたせる動きがあった [9]。これ以降もレールプランや教員養成に関して国内の共通性をたせるための指針等が，DGfG（Deutsche Gesellschaft für Geogrpahie；ドイツ地理学会）および傘下の学会によって公表されている（Hoffmann, 2006, 2015）。

例えば，VDSG（Verband Deutscher Schulgeographen；ドイツ学校地理学者連盟）が 1999 年に作成した「基礎レールプラン地理（*Grundlehrplan Geographie*）」は，西ドイツ時代に提案された「基底レールプラン地理（*Basislehrplan Geographie*）」の更新版として位置づけられるとともに，「地理教育国際憲章」が基礎的なコンセプトとして採用され（Hoffmann, 2006），同憲章の到達目標を全面に反映している。2002 年に DGfG（2002/2003）[10] が発表した『地理科におけるカリキュラム作成のための原則と勧告（*Grundsätze und Empfehlungen für die Lehrplanarbeit im Schulfach Geographie*；以下，DGfG 勧告とする）』では，「地理教育国際憲章」が示す到達目標の中の「世界における空間的関係についての理解」と「空間に関連した行動コンピテンシー」を教科の目標としている。

また，地理学を含む地球科学のワーキンググループ [11] が 1996 年に発表した『教員養成と学校における地球科学の重要性のためのライプツィヒ宣言（*Leipziger Erklärung zur Bedeutung der Geowissenschaften in Leherbildung und Schule*；以下，ライプツィヒ宣言とする）』は，地球科学，ひいては自然科学の立場から地理教育に対する提言を試みた。『ライプツィヒ宣言』においても「地理教育国際憲章」は基礎文献の 1 つとして提示されるとともに，「地理教育国際憲章」到達目標を基礎とした知識・理解，技能，価値・態度が本文中に教育内容として示されている。

各州のコンセンサスを模索する指針等の検討から，程度の差はあるものの「地理教育国際憲章」の到達目標を反映させる動きがあり，この指針等をもとに各州の地理レールプランに対して提案を行っていた。

このようなドイツ地理教育の流れにおける転換点が，2000 年に実施され

たPISAにより判明したドイツの学力低下，通称，PISAショックである。これをきっかけにドイツ全土で地理教育を含め教育改革が実施されることになり，学力の質と向上を目指して国家レベルにおける教育スタンダード[12]（Bildungsstandards）の導入が始まった。

地理科においては，2006年にDGfGが中心となり『ドイツ地理教育スタンダード[13]（*Bildungsstandards im Fach Geographie für den Mittleren Schulabschluss*）』を刊行した。この作成にあたり，ハウブリッヒが作成に関与した指針等および「地理教育国際憲章」が参考にされ，地理授業の目標もこれらの指針等とも一致している（DGfG，2014：S.5）。つまり，ドイツ地理教育界の活動成果である『ドイツ地理教育スタンダード』には，IGU-CGEの諸宣言の内容が盛り込まれているといえる[14]。

（注）
(1) IGU-CGEの成立から今日に至るまでの活動の潮流に関しては，志村（2014）の第1図「地理教育委員会とIRGEE誌にみる主要研究活動内容の変遷」を参照のこと．
(2) IGU-CGEのウェブサイトに掲載されている．
 http://www.igu-cge.org/about.htm（2015年11月22日閲覧）
(3) 2000年に採択された諸宣言の1つ．邦訳は熊野（2001）によってなされている．
(4) 2017年6月1日現在，IGU-CGEのウェブサイトでは「地理教育国際憲章」，「文化多様性のための地理教育のための国際宣言」，「ルツェルン宣言」，「地理教育研究に関する国際宣言（International Declaration on Research in Geography Education）」の4つが掲載されている．なお，「地理教育国際憲章」は2016年に改訂され，その邦訳が大西訳（2017）である．
(5) 1984年にAAG，NCGE（全米地理教育協議会）が共同で開発した『地理教育ガイドライン（*Guidelines for Geographic Education*）』の基本枠である．
(6) 森本（2000）を参考にした．
(7) 「地理教育国際憲章」の制定により，地理教育が国際化社会の市民的資質への育成へと方向転換しなければならいことを宣言した（中山，2009）．
(8) ドイツにおいては，地理は独立教科や日本のように社会系教科の中に位置づけられるなど，さまざまな位置づけで学習されている．
(9) ドイツ地理学中央連盟（Zentralverband der Deutschen Geographen, 1980）が定めた「基

底レールプラン地理（*Basislehrplan Geographie*）」を指す．
(10) 正式には Arbeitsgruppe Curriculum 2000+ der Deutschen Gesellschaft für Geographie であり，DGfG のワーキンググループである．
(11) Alfred-Wegener-Stiftung für Geowissenschaften in Gemeinschaft mit der Deutschen Gesellschaft für Geographie e.V. und dem Institut für Länderkunde in Leipzig が正式名称である．
(12) 教育スタンダードとは，生徒たちが決められた教育期間の修了時において，定められた学習領域，とりわけ専門領域において獲得されるべきコンピテンシーを定めたものである（Hemmer und Hemmer, 2013：33-35）．
(13) 2006 年に初版が公表され，2017 年時点では 2014 年に発表された第 8 版が最新である．
(14) 作成にあたっては，IGU-CGE の諸宣言の作成に携わったハウブリッヒも協力している．なお編集者，協力者の一覧は，DGfG（2014：4）を参照のこと．

第3章 連邦レベルにおける
ドイツ地理教育の系譜とESDの取り組み

　ドイツの教育政策は，2000年前後に実施された2つの国際的な学力調査であるTIMSS（国際数学・理科教育動向調査）とPISA（OECD生徒の学習到達度調査）の結果を契機として，その方針を大きく転換した。この教育改革に関しては，改革に至る背景やKMK（各州文部大臣常設会議）が議決した7つの行動分野（sieben Handlungsfelder）の概要，改革の方向性が，原田（2006）によって日本に紹介された。また，改革の1つであるKMK作成の教育スタンダードの対象教科は7科目[1]であり（原田，2016：52），地理は含まれていなかった。

　地理に関しては，DGfGが『ドイツ地理教育スタンダード』を独自に作成し，日本では服部（2007a, b）が地理で目指される学力像の観点から分析を試みた。服部はこの学力像が空間形成能力の育成を意識したものであり，1つの地理教育像を提起したと評価した。しかしながら，服部（2007a, b）ではコンピテンシーの構造やコンピテンシーを構成するスタンダード（Standards）の特徴に焦点をあてたため，この学力像が提唱された背景・要因に関する言及はみられない。

　一方，2000年代前後からドイツ教育界では，ESD/BNE（Bildung für nachhaltige Entwicklung）に対する取り組みが始まった。1994年に，基本法に「持続可能性」の原理が盛り込まれたことを契機として，ドイツでは学校教育におけるESDプロジェクト「BLKプログラム21（BLK-Programm "21"）」，「トランスファー21」が策定（トランスファー21，2012：14-15, 24）され，ESDにおいて育成を目指す「形成能力（Gestaltungskompetenz）」が開発された。ESDは概念的に定式化され，数多くの学校関連法規やカリキュラム中に定着していった一方で，学校の各教科のカリキュラム等の中でESDが詳しく具体化された事例がほとんどみられない（トランスファー21，2012：24-25）。

　このような状況下にあって，地理科[2]は，ESD登場以前から，持続可能

性や持続可能な開発に関する学習に取り組んでいる。また，ドイツではESDが地理科の目標と密接に結びついており，教育改革を経て登場した『ドイツ地理教育スタンダード』では，ESD実践に対する地理科の自負が述べられるだけでなく，ESDを意識したコンピテンシーもまた示されている。このように，ESDは現代ドイツ地理教育の性格を規定するものであるといえる。一方で，ドイツ地理教育がESDに取り組む背景や要因については検討の余地が残されている。本章では，連邦レベルのドイツ地理教育におけるESDの実践の背景や要因について明らかにする。

1. ドイツ地理教育におけるレールプランの変遷とESD

(1) レールプランをとりまく環境

レールプラン[3]は，授業の目標と学習内容を述べた公的な，あるいは学校独自の刊行物（Bagoly-Simó, 2013）であり，各州が独自の教育政策を展開するドイツにおいて，レールプランもまた各州独自の内容を示してきた。図3-1はレールプランをとりまく環境を示したものである。Hoffmann（2006）は，専門科学や教育学からの提案や課題に対応するために，レールプランはその時々の時代を反映されなければならず，それゆえ永続的な発展・変革プロセスに従っている，と指摘する。

ドイツでは，学校教科として地理科の成立以来，地理レールプランはさまざまな変遷をたどってきた。Rinschede（2007：121）によれば，とりわけ20世紀後半以降，変化に富んだ発展を経験した。

(2) 地理レールプランの変遷と特徴

図3-2は，地理科成立から今日至るまでの地理レールプランの開発視点を示したものである。地理レールプランの流れは，大髙（2010）によって範例的教授学習を中心に学習内容の精選の視点から示されている。しかしながら，内容精選の背景にある専門科学としての地理学，教育学・一般教授学（Pädagogik/

1. ドイツ地理教育におけるレールプランの変遷と ESD　41

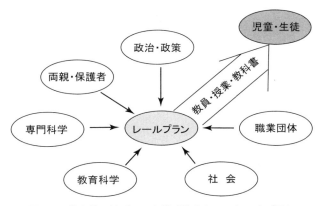

図 3-1　社会的に結びついた構成体としてのレールプラン
Hoffmann（2006：79）を筆者邦訳

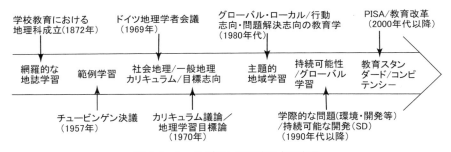

図 3-2　レールプランの開発視点の変遷
注：太い矢印のなかの項目は各時代の開発視点を示し，太い矢印の外にある項目は，
　　開発視点の背景にある議論等およびそれが起こった年や年代を示している．
Hoffmann（2006：81），Rinschede（2007：122）より筆者作成

allgemeine Didaktik）の観点や動向，議論[(4)]に関する言及はなされていない。そこで，大髙（2010）にこれらの視点を補足しながら，今日に至るまでの地理レールプランの変遷について，その特徴を示す。

ドイツでは地理が，学校教科の地理科（Erdkunde）として成立を果たしたのは 1872 年のことであり，そこでは百科事典的に知識を獲得する地誌学習が目指された（Hoffmann, 2006；大髙，2010）。伝統的なレールプランでは，科学的内容の説明が目指されていた（Rinschede, 2007：118）。当初のレールプランは，簡素化された地理学の成果を伝達する手段でしかなく，Rinschede（2007：

118）は，「レールプランの内容は高い安定性を示し，ほとんど大きな変化を経験しなかった」と述べている[5]。しかしながら，こうしたレールプランの性格は1950，60年代になると大きく変化した。

1960年代終わりになると，ドイツ（語圏）の地理学において大きな転換点を迎え，その影響が地理教育にも及んだ。その契機が，1969年のドイツ地理学者会議キール大会[6]（Kieler Geographentag）である。そこでは，大髙（2010）が示すように，地誌学習から一般地理学習（系統地理学習）へのシフトの必要性が訴えられた。また同時に，教育学からも大きな影響を受けた。教育学者ロビンゾーン（S.B.Robinsohn）[7]が主導をとったカリキュラム議論によって，レールプランの安定性が突然変化した（Rinschede, 2007：118）。

これを受け，1970年代になるとロビンゾーンに影響された地理学者により，さまざまな地理教育論[8]が展開されることになる。当時の西ドイツにおける地理教育改革では，一般教育学の目標[9]にもとづく地理学習目標の設定がなされ，それ以降地理では学習目標に関する活発な議論が行われた（髙山，1973）。

その後は，ローカルなテーマを扱いつつもグローバルな影響を考慮するレールプラン構想が展開した（大髙，2010）。同時代のレールプランでは，専門的なレベルにおいて新たなテーマや目標が数多く採用された一方で，新たに作成されたカリキュラムにおいては，とりわけ行動志向的な要素や総合的な教育理念に合わせた問題解決志向の専門知識が強化された（Hoffmann, 2006）。

また，地理教授法（Geographiedidaktik）の観点からみても，1980〜90年代にかけて「価値，国際，文化教育（werte-, internationale-, kulturelle Erziehung）」や「郷土，ヨーロッパ，グローバル教育（Heimat-, Europa-, globale Erziehung）」，「空間に関連した行動コンピテンシー（raumbezogene Handlungskompetenz）」が重要テーマ[10]として取り上げられ，「地球的視野で考え，身近なところで実践する（think globally, act locally）」の考えが強く影響していることがわかる。

1990年代になると，学際的問題や教科横断的な教育課題に対するアプローチが盛んにとられた。このような課題に対してHoffmann（2006：84）は，「持

続可能性の原理の下で，異文化学習とグローバル学習，あるいはヨーロッパ教育と並んで，環境教育は重要な意味をもつ」と述べており，これらの教育課題に対する地理教育の貢献が，現在の地理レールプランにおいても言及されている。

(3) PISAショック以降のカリキュラム概念変革とコンピテンシー

2000年代に入り，カリキュラム概念はルネサンスを経験することになる（Bagoly-Simó, 2013）。その契機が，教育改革において学校と授業の質を改善するために導入された教育スタンダードであり，これまでのレールプランのあり方に一石を投じるものであった。これまでのレールプランは，学習者が学ぶ内容やその順序を示してきたのに対し，教育スタンダードでは生徒が中等教育修了時点で身に付けるべき具体的なコンピテンシーを示した点で注目されている（服部，2007a；大髙，2010）。

また，『ドイツ地理教育スタンダード』では，学習内容を示した各州地理レールプランは存続するため，『ドイツ地理教育スタンダード』と各州レールプランとの対応関係は，州ごとに検討されなければならない[11]と示されている（DGfG, 2014：2）。カリキュラム概念が変革したことで，各州の対応が注目されているが，Hemmer（2012）は各州地理レールプランがコンピテンシーを取り入れ始めていること，Hemmer und Hemmer（2013）も地理授業は少なくともある程度はコンピテンシー指向の下で，新たに考えられなければならない，と指摘し，コンピテンシーの考えが各州レールプラン，そして授業レベルまで浸透し始めている。

同時にコンピテンシーの導入の流れは，地理教授法の研究に対しても影響を与え，2006年以降，地理コンピテンシー研究に関するさまざまなプロジェクト[12]が展開した（Hemmer und Hemmer, 2013）。また，コンピテンシーに関する理論研究が推進される一方で，コンピテンシーやそのスタンダードを用いたモデル授業開発および評価方法が，『ドイツ地理教育スタンダード』の第4章「課題事例（Aufgabenbeispiele）」（DGfG, 2014：30-92）や地理教育の雑誌（例えば，*Geographie Heute* 255/256号，2007；同291/292号，2011）を通じて

示されてきた[13]。さらにHoffmann und Werner-Tokarski（2007）では，『ドイツ地理教育スタンダード』の示すコンピテンシーと「形成能力」の類似点の検討や，地理学習におけるESDの学習方法に関する提案がなされた。

(4) 持続可能な開発に関する国際動向とドイツ地理教育の対応

　地理レールプランにおける持続可能性や持続可能な開発の出発点は，前項までの検討から持続可能性を核として教科横断的な教育課題に取り組み始めた1990年代であるといえる。1990年代はリオデジャネイロ・サミットが1992年に開催され，持続可能な開発の概念が世界に向けて発信された時代である。これと連動するように，IGU-CGE（1992）が「地理教育国際憲章」を公表し，地理教育が持続可能な開発に取り組む環境教育や開発教育に対処する必要性を示した。このような社会的要請あるいは国際的な地理教育の動向と連動して，ドイツ地理教育が積極的にESDに取り組んできたことがうかがえる。

　また，UNDESDが開始された2005年には，ユネスコを通じて*UNDESD-IIS*が示された。これに対してIGU-CGE（2007）は「ルツェルン宣言」を刊行し，地理教育におけるESDの推進と取り組みの視点を示した。同宣言の作成過程では由井・阪上（2012）が報告するように，ハウブリッヒを筆頭に，ドイツの地理教育研究者が携わり，ドイツ地理教育の成果を発信した。このように，ドイツの地理教育におけるESD研究は，国際的な動向の影響を受けるとともに，自国の対応を国際的に発信してきた。次節ではドイツ地理教育，地理レールプランを支える教育学と地理学の観点から，ESDに対するアプローチを検討する。

2．ESDにおける教育学と地理学の役割

(1) 教育学からのアプローチ
①ドイツ社会・政策における持続可能な開発の起源と受容
　ここではまず，ドイツ社会における持続可能性および持続可能な開発の捉えられ方について整理し，ドイツがESDに取り組む土台について把握する。

ドイツにおける持続可能性の起源は，18世紀初頭のザクセン地方における無秩序な開発や森林資源の枯渇を契機に提唱されたことに端を発する（高雄，2010）。早川・工藤（2005：138）が「環境政策を強力に推し進めることによって資源とエネルギーのむだな消費を省き，持続可能な社会システムへ着実に進んでいる」と指摘するように，持続可能性や持続可能な開発は，今後の環境，社会を形成するうえで重要な価値や概念として位置づけられている。

このように，ドイツのESD概念を考えるうえでの出発点は，資源の過剰利用に伴う環境破壊に対してどのように向き合うか（卜部，2011）という点にある。卜部（2011）は，この背景には「人間と環境」に関して，「キリスト教の伝統」，「学問的伝統」，「工・産業的伝統」の3つの伝統から議論がなされ，これらの議論がドイツの環境政策[14]や環境教育のレベルに影響を与えていると述べている。

上述のように，ドイツ社会における持続可能性や持続可能な開発の受容をみた場合，ドイツ社会の根底に根づく伝統的観点から議論を経て，その概念が位置づけられ，社会に広く受け入れられている点に特徴がある。

②ドイツにおける持続可能な開発と教育

Deutsche UNESCO-Kommission（2011：9）が刊行した『ドイツ国内実施計画（*UN-Dekade „Bildung für nachhaltige Entwicklung" 2005-2014, Nationaler Aktionplan für Detutschland* 2011）』では，持続可能な開発は身近なところでなされ，そして継続的な社会変革プロセスへと変換されなければならず，そのための適切な関与と参画は自発的に起こるものではなく，人々の精神的な変化によってもたらされる，と述べられている。この人々の精神的変化をもたらすのが教育であり，Deutsche UNESCO-Kommission（2011：9）では，持続可能な開発が教育を通じてもたらされ，人々が個人的，社会的，グローバルな開発を将来的に形成できるようになることが教育の課題であると提示されている。

ドイツにおける持続可能な開発と教育の接点をみると，「1980年代中頃になってはじめて，政治，経済，社会に対する規範的な行動枠組みとして紹介され，1990年代以降に教育学の中に持続可能な開発のための教育（ESD）とし

て概念的に発展し，実践的に試され，カリキュラムに取り入れられている」（トランスファー21，2012：18）。また，ドイツにおいてESDが盛んに取り組まれている背景には，国際的な教育政策動向も深く関連している。ドイツの教育政策においてESDは，グローバルな教育政策への対応が求められるなか，国際的な基準に照らした教育制度改革と合流し，新たな教育のあり方の中で語られている状況にあり（高雄，2010），ESDはドイツ教育界における重点テーマの1つであると認識されている。

その一方で，ESDの概念をめぐってはさまざまな考え方がある。代表的なものとしては，政策プログラム（行動計画），社会運動，目指すべき将来像や理想像，社会理論などがある（卜部，2011）。また，持続可能な開発を環境，経済，社会の3観点から考える持続可能なトライアングル（Dreieck der Nachhaltigkeit /Nachhaltigkeitsdreieck）に関しても，ESDの一領域であるグローバル学習の立場からは3観点に政治（Politik）や，文化次元（kulturelle Dimension）を加えた考え方が提唱されている。このように，ESDはその必要性が認識されながらも，その概念や方法，方向性をめぐっては未だに議論されている。

③ドイツにおけるESD展開の特徴

ドイツにおけるESDの特徴は，ESDを考える出発点が議論の積み重ねを経て，明確化されている点である。ESDの中心概念である持続可能性や持続可能な開発は，依然としてその概念をめぐる議論がなされ，それ自体に対する批判は多い。そのなかで，持続可能な開発を環境政策に関する概念と位置づけ，またESDの推進にあたり「形成能力」を提示し，常に抽象論ではなく具体を提示しながら推進してきた点が，日本とは異なる部分である。

また，ESDの展開に重要な役割を果たすのが，学校と授業の質的向上を目指して進められた教育改革であり，とりわけコンピテンシーの導入および授業への浸透は大きな意味をもつ。コンピテンシー開発で重要とされる教科・諸教科横断的な学習に関して原田（2012）は，クロス・カリキュラム的なテーマ・学習内容をESDとして再構成しようとする傾向があることを報告した。教育改革を経てコンピテンシー指向の授業に移行するなかで，ESDが現存の学習

の構成に影響を与えていることが指摘できる。

上述からドイツでは教育改革以降，ESDは教科指導における明確な位置づけを与えられるとともに，今日のドイツの教育が目指す学力像・学力形成における不可欠なテーマであると捉えることができる。

(2) 専門科学としての地理学からのアプローチ
①地理教育において地理学が果たす役割

ドイツ（語圏）の地理学はその成立以来，著名な地理学者を輩出し，数多くの理論を生み出してきた[15]。また，地理学の流れは，レールプランの作成にも影響を与えてきた。

ここでは地理教育において地理学が果たす役割について，人文地理学（人文科学）と自然地理学（自然科学）を結びつける橋渡し機能[16]（Brückenfunktion）と空間に対する多様な見方・考え方を検討する。この2点は，『ドイツ地理教育スタンダード』の第1章「教育への地理科の貢献（Der Beitrag des Faches Geographie zur Bildung）」（DGfG, 2014：5-7）においても示されている。この橋渡し機能と空間に対する多様な見方・考え方について，ドイツ地理学における議論等を検討し，ドイツ地理教育に与えた影響をESDのかかわりから述べる。

②橋渡し機能と人間－環境関係

ドイツだけでなく，世界の地理学研究においても人文地理学と自然地理学の関係，ひいては社会科学と自然科学の両者を統合する特徴・機能は，地理学のもつ利点とみなされている。また欧米の地理教育では，地理が社会科学と自然科学とをつなぐ教科であること，幅広い視点から地域や問題の分析が可能であることが指摘されている。しかし，学問レベルではこの両者をどのように結びつけるか，あるいは結びついているかについて，さまざまな議論がなされてきた。

近年，ドイツ地理学の学際性を考えるうえで注目されたのが，「人間－環境関係（Mensch-Umwelt-Beziehung）」である。ドイツでは学問的伝統の観点からも「人間－環境」が議論された経緯があると述べたように，地理学研究においても「人間－環境」やそれにもとづいた持続可能な開発の考えが重要視されて

いる[17]。このように，「人間－環境」に関する研究で，自然地理学と人文地理学とが共同でアプローチすることが求められるなか，ドイツ地理学における両者の関係を整理し，近年の動向とともに日本に紹介したのが山本（2014a）である。

山本（2014a）はドイツ地理学において議論された「社会－環境研究モデル（Gesellschaft-Umwelt-Forschung）」が，地理教育におけるコンピテンシー開発，研究へ与えた影響を報告した[18]。このモデルの特徴点は，人文地理学と自然地理学の間に一部重なりつつも，まったく重ならない領域「社会－環境研究」が設定されている点にある（山本，2014a）。そしてその領域には，社会政策的に現在問題になっているグローバルな変化に関するテーマが多く含まれている（Hoffmann，2013）。また山本（2014a）は，このモデルが『ドイツ地理教育スタンダード』のコンピテンシー「F4：多様な性質と規模の空間における人間－環境関係を分析する能力」に位置づけられていることを指摘している。

山本（2014a）は，この「社会－環境研究モデル」がコンピテンシーF4に該当する点を指摘したが，筆者はF4に属するスタンダード「S20」にこそESDの観点が強く盛り込まれていると考える[19]。「S20」では「空間開発，保護のために，実行できる生態的，社会的，そして／あるいは経済的に適した方法について説明することができる」と示され，持続可能な開発の3観点から持続可能な開発のための方法や方略を説明できる能力を目指したものである。このように，地理固有のコンピテンシーが持続可能な開発に貢献できることを，『ドイツ地理教育スタンダード』は示している。

③空間に対する多様な見方・考え方

『ドイツ地理教育スタンダード』のコンピテンシーに対して影響を与えた「社会－環境研究モデル」だけでなく，ドイツ地理学における空間研究の成果もまた，地理教育や『ドイツ地理教育スタンダード』に影響を与えている。それが地理授業のための4つの空間概念（Raumkonzept；表3-1）である[20]。

4つの空間概念は地理学領域における多様な発展段階に由来するものであり（Wardenga，2002），4つの空間概念はドイツ地理学がその発展過程において地域や社会を研究するために用いてきた研究方法・手法であるといえる。

表 3-1　4つの空間概念の特徴と学習の視点

空間概念の名称	空間概念の由来	学習対象に対する視点	学習目標
コンテナとしての空間 (Der Container-Raum)	伝統的で空間科学的な地理学	学習する地域に含まれる地形や気候，工業や農業などの諸分野から網羅（静態地誌）的に学習する視点	空間認識
空間構造研究の空間 (Der Raum der Raumstrukturforschung)	1970年代からの空間的アプローチ（spatial approach）のもとで発展した空間構造研究	学習する地域における具体的な対象物の位置や距離，対象物間の関係性（例えば，郊外地域とCBDの距離や位置関係）を学習する視点	空間認識
認知地理学の空間 (Der Raum der Wahrdermugsgeographie)	1970年代末から始まった行動科学アプローチ	学習する地域を誰が（例えば，個人，特定の集団，組織），どのように知覚するかによって，地域の認知の仕方や評価が異なる（例えば，住民と観光客からみた地域の認知・評価の差異）ことを学習する視点	空間形成
情報伝達と行動に関する要素としての空間 (Raum als Element von Kommunikation)	社会地理学 (Sozialgeographie)	学習する地域を人間や社会によってつくりだされたものと捉え，それが形成されるプロセスに着目し，地域がどのように形成されるかを学習する視点	空間形成

Wardenga（2002）より筆者作成

　そもそも4つの空間概念が，なぜ地理教育に取り入れられたのか。Wardenga（2002）は，21世紀初頭における課題に対して省察的に取り組むことができる地理授業のための研究観点から始まり，この空間概念を用いることで今日的な社会問題の構造を明らかにすることができる点を指摘した。4つの空間概念は，前者2つが実在する具体物を分析する一方で，後者2つがその具体物に対する認知の枠組みや形成プロセスなどを分析する特徴をもつ。この点は，前者2つが空間認識，後者2つが空間形成に関する地理学習の目標[21]に対応していると考えられる。

　また，Wardenga（2002：11）が述べた「空間概念の枠組は，行動志向の教育学（handlungsorientierte Pädagogik）に対応しているため，授業方法論的に新たな可能性を開いている」という点にも注目したい。前者2つでは，空間に関する知識や法則を学習するのに対し，後者2つでは空間を構成する要素や学習者と空間とのかかわり方について学習する視点がある。つまり，空間認識から空間形成に至るまでの学習方法論として空間概念が盛り込まれたと解釈できる。

④持続可能な開発に対する地理学からのアプローチとその意義

　ESDは態度や行動の変革だけでなく，そのために必要な持続可能な開発に関する科学的理解も重視している。専門科学としてのドイツ地理学をみた場合，「人間－環境」にもとづいたモデルの議論や空間の多様な見方・考え方に関する研究成果が，『ドイツ地理教育スタンダード』に反映されていた。持続可能ではない問題の分析やその解決を実際に行ってきた地理学研究の分析・研究手法の利用は，持続可能な社会の形成者の育成を目指す地理学習において十分に意義がある。また，専門科学である地理学からの積極的なアプローチがなされることは，常に変化を続ける社会を把握し，（再）形成するうえで重要な要因となり，ドイツ地理教育がESDに対して積極的に取り組むことができる基礎である。

3.『ドイツ地理教育スタンダード』の導入とESD

　本節では，これまで検討した地理レールプランの変遷や，ESDに対する教育学と地理学のアプローチを踏まえ，現代のドイツ地理教育のあり方に深く関係する『ドイツ地理教育スタンダード』について，その特徴を明らかにする。

(1)『ドイツ地理教育スタンダード』の特徴
①一貫した地理授業の目標

　ドイツ地理教育界全体で「空間（Raum）」を地理学習の中心目標においてきた。『ドイツ地理教育スタンダード』では，「地理授業の主要な目標は，地球上のさまざまな空間における自然的状況と社会的活動間にある関連に対する認識とそれにもとづく空間に関連した行動コンピテンシーを教えることである」（DGfG, 2014：5）と明示されている。この目標について服部（2007a）は，自然的環境と社会的活動の関係に着目して既存の空間を認識するとともに，それを踏まえて空間の現状や形成について判断し，よりよい空間を目指して取り組んでいくことであると指摘した。服部の指摘から，『ドイツ地理教育スタンダー

ド』では空間の認識とともに，空間を形成する能力の活用ができる資質の育成を求めていると判断できる。

この空間の形成ならびにその能力の育成を目指す目標は，ドイツの地理教育界では四半世紀以上にわたって重視されてきている（服部，2007a）。例えば，「基礎レールプラン地理」においては，「地球を人間－地球システムと捉え，空間において適切かつよく考えて行動する能力のための教育」，『DGfG勧告』では，「世界における空間的関係に関する理解と，それに関連した行動コンピテンシーのための教育」という教科目標を掲げており，ドイツ地理教育界の流れを踏襲した目標が掲げられている。

②システムとしての空間

空間に関する目標を考えるにあたり注目すべき点は，山本（2012）が提示するシステム論[22]である。ドイツ地理教育において，システム論に関する議論は従来からあったが，地理教育の目的・目標として人間－環境システムによる分析を通じた地理的現象の理解が強く出てきたのは，『ドイツ地理教育スタンダード』の刊行以降である（山本，2012）。

図3-3は，地理科における空間分析の基本コンセプトを示したものである。空間とシステムの関係について，空間は常にシステムとして捉えられなければならない（DGfG，2014：10）と定義されている。空間を自然地理システムと人文地理システムとして理解し，またその相互関係を分析したうえで，その分析結果を総合することを通じて空間システムを理解していく学習（山本，2012）が，『ドイツ地理教育スタンダード』では求められている。本章前節で述べた「社会－環境研究モデル」の考えは，この学習方法に影響を与えている。

空間をシステムから捉える意義としては，以下の2点ある。

1つ目は，学習する空間を構造化して捉えやすい点にある。地理学習で扱う空間はさまざまあるが，いずれの空間も人間，環境，またはその相互の影響を受けて成立している。空間における人間，環境の要素，機能，過程を分析[23]することで，空間の全体像を明らかにすることができると考えられる。つまりシステムには，地理学の学際性を視野に入れた分析視点やその手順が示されて

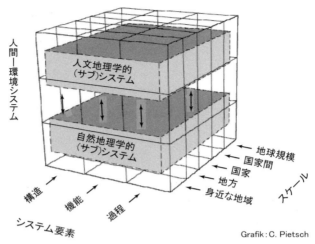

図 3-3　地理科における空間分析の基本コンセプト
DGfG（2014：11）を筆者邦訳

おり，空間の構造や変化を捉えやすくする役割があるといえる。

　2つ目は，ESDとの関連である。ESDは環境，経済，社会の3観点のバランスのとれた発展および社会を目指している。学習では，空間における3観点の構造を把握することが求められている。その際に3観点の機能，要素，過程の関係性を示すことが空間構造の把握をするうえで重要であり，システムのもつ分析視点，手法が有効であると考えられる。また，山本（2012）はESDにとって人間－環境システムの考えが有効であり，異なる意見の調整や社会参画といった市民性の育成の側面も多分に含んでいると指摘した。つまりシステムの考え方は，単なる空間の認識にとどまらず，持続可能な社会の形成に求められる市民的資質の育成という点からも，ESDに貢献しているといえる。

(2) 持続可能な社会を目指す『ドイツ地理教育スタンダード』

　地理教育がESDに貢献できる点について，IGU-CGEの諸宣言と同様に，学際性の観点が示されている。『ドイツ地理教育スタンダード』の第1章「教育への地理科の貢献」では，地理が自然科学と人文・社会科学をつなぐ教科であ

り，自然と社会の関係を考察することによって，ESDを含む学際的な課題における重要な能力を習得する（DGfG，2014：7），と記述されている。

またESDに関する点は，地理教育の目標から空間形成能力を活用することで，持続可能な社会に変革する能力をもった市民を育成することが可能であると考えられる。ここで注目したいのが，以下の2点である。

1点目は，空間スケールの変化である。『ドイツ地理教育スタンダード』は，空間をシステムとして捉えるだけでなく，さまざまなスケールの空間（地域）を多様な視点から扱うことで，身近な地域から地球規模のスケールでの反省的な郷土意識や，ヨーロッパ人や世界市民としての自覚を発展させる可能性がある（DGfG，2014：6）と述べている。つまり，ドイツに暮らす市民としての資質だけにとどまらず，地球的市民を視野に入れており，ESDの示す「地球的視野で考え，身近なところで実践する」ことができる市民を育てることができると解釈できる。

2点目はコンピテンシーである。コンピテンシーに関してドイツでは，教育スタンダードだけでなく，ESDの文脈においても用いられている。コンピテンシーを備えているとは問題解決能力を使いこなせるという意味である（トランスファー21，2012：27）。ESDでは単に持続可能な開発に関する知識や理解を深めるだけなく，持続可能な社会の変革に向けた意識，行動の変革を促す学習をしなければならない。従来評価が難しいとされてきた態度や行動が，コンピテンシーという形で設定されたことで，学習における目標が明確になるとともに，地理教育における社会変革に向けた能力を定義しやすくなると考えられる。これらの点で従来の何を教えるのかではなく，持続可能な開発のためにはどのような能力が必要なのかを，『ドイツ地理教育スタンダード』ではコンピテンシーという形で示している点に新しさがある。

（注）
(1) 初等教育ではドイツ語と数学，中等教育ではこれらに加え第1外国語（英語もしくは仏語）と自然科学系教科（数学，生物，化学，物理）である（原田，2016：

48）．
(2) 州により独立教科として，あるいは社会科（Gesellschaftslehre）の一領域として，地理は学習されている．本書では社会科等での表記が必要な場合を除き，便宜上地理科として表記を統一する．
(3) レールプランと同義で用いられる用語としてカリキュラムがあるが，両者の差異について樋口（2007：98）は，「意図された学習過程の構造化をねらいとした教授計画もしくはその他に計画された行為のまとまり」がレールプランであるのに対して，カリキュラムは「過程や条件がテーマ化され，カリキュラムの中で学んだ子どもの成果や過程および社会的条件の分析にまで目が向けられる」と述べている．本章では基本的にレールプランで表記を統一する．
(4) Rinschede（2007：121-122）によれば，地理学の科学的内容の構造（例えば，人文地理学と自然地理学，地誌学と系統地理学）の他に，教育学と一般教授学的観点もまたレールプランの作成にかかわっている．
(5) しかしながら，この点に関する批判もあり，Rinschede（2007：118）は扱う内容の多さとそれに関連した生徒の過剰な要求に対するものであったと述べている．
(6) 水岡（1981）は，西ドイツの学生たちによる社会改革の叫びが地理学・地理教育に対して向けられるとともに，同大会での学生による告発文は，以後の西ドイツの地理教育改革への原動力の1つとなり，その後の地理教育の方向を大きく転換させていく契機を形づくったと述べている．
(7) 日本においては，髙山（1973），水岡（1981）が取り上げている．
(8) 注（7）を参照のこと．
(9) ロビンゾーンが提示した「現実社会との関連性を重視し，生徒が現在および将来の生活状況において直面する問題を克服する資質の形成」を指す．
(10) Lenz（2006：350-351）の図より．
(11) 『ドイツ地理教育スタンダード』はあくまでDGfGが独自に作成・提案したため法的拘束力がなく，地理学習の方向性は依然として州レールプランが規定しているためである．
(12) Hemmer（2012）によれば，地理システムコンピテンシー（Geographische System Kompetenz），地図コンピテンシー（Kartenkompetenz），地理的行動コンピテンシー（Geographische Handlungskompetenz）などに関するプロジェクトがある．
(13) そのなかでは，『ドイツ地理教育スタンダード』の示す6つのコンピテンシー領域やその下位に位置するスタンダードの具体化だけでなく，「民主主義教育（Demokratiepädagogik）」，「ESD」といった教育課題を地理学習で扱ううえで，コン

ピテンシーなどがどのように活用されうるかについても示している．
(14) 高雄（2010）によれば，基本法に盛り込まれたことで，環境政策が政策の1要素としての立場から，国家目標に格上げされて，各分野での取り組みが活発になった．
(15) ドイツ地理学の歴史は，森川ほか（2012）でその詳細が紹介されている．
(16) 地理学と教育学をつなぎあわせるという文脈でも，橋渡し機能という用語が使われている（例えば，山本，2014a）．
(17) Egner（2010：109）は，生態学的危機やグローバルな変化に直面するなかで，このテーマはさらに現実性と問題性を増していると述べている．
(18) 「社会－環境研究モデル」にもとづくスタンダードの概要は，Hoffmann（2013）や山本（2014a）によって示されている．
(19) コンピテンシー領域，スタンダードの内容に関しては，本書「資料」(131-136)を参照のこと．
(20) 『ドイツ地理教育スタンダード』では4つの異なる空間概念を用いて「空間」を観察（考察）すること（DGfG，2014：6）が示されている．なお，Wardengaの提唱した空間概念は，『ドイツ地理教育スタンダード』以前に刊行されたDGfG（2002/2003）の『DGfG勧告』から登場した．
(21) 『ドイツ地理教育スタンダード』では「地球上のさまざまな空間における自然的状況と社会的活動間にある関連に対する認識とそれにもとづく空間に関連した行動コンピテンシー（raumbezogene Handlungskompetenz）」（DGfG，2014：5）と示されている．
(22) 地理学とは「『地球を空間的に捉え，それを人間－環境システムあるいは人間－地球システムとして捉える』学問であり，そのシステムとは『地球システムあるいは自然地理サブシステムと，人間あるいは人文地理的サブシステムによる相互関係』」である（山本，2012：180）．
(23) 大西訳（2008：34）では，「地理学者は，地表がどのように人間システムへ資源と生活空間を提供するのか，社会がどのようにして地球システムに影響を及ぼすのかを分析する。そのように，地理学者は自然科学と社会科学の間を結びつけ，全「人間－地球」エコシステムを研究する」としている．

第4章　PISAショック以降の
州地理カリキュラムの特徴

　連邦制を採用するドイツでは，文化高権（Kulturhoheit der Länder）の下で，レールプラン／カリキュラム（以下，本章ではカリキュラムとする）や教科の枠組みなど，教育に関するさまざまな権限が州政府に付与されている。地理教育もその例外ではなく，16州それぞれに独自性がみられる。また，中等教育の学校種は複線型[1]であるため，同一州であっても，地理の教育課程上の位置づけは学校種によって異なる。このため，ドイツ国内では多種多様な地理教育のあり方をみることができ，地理カリキュラムも州ごとに異なる。

　一方，第3章で述べたように2000年代に入ると，ドイツではカリキュラムの概念自体が変化してきた（Bagoly-Simó, 2013）。その契機が，2000年の国際学力調査で，15歳の生徒の学力が他国と比べて低いこと[2]が明らかとなったこと，通称PISAショックである。PISAショック以降，それぞれの学校段階・学年修了時において獲得すべきコンピテンシーやコンピテンシーを構成するスタンダードが示された「教育スタンダード」の開発と導入がなされるようになった。

　コンピテンシーの定義はさまざま存在しているが，ドイツの教育学者ヴァイネルト（F. E. Weinert）による「所定の問題を解決することを目的に，各自が自由自在に操作でき，習得することのできる認知能力や技能であるとともに，さまざまな状況における問題解決に対し効果的に，かつ責任を十分に自覚して役立てるために，認知技能や技能と結合した動機や意欲，社会性」（原田，2016：8）という定義が，ドイツでは定着している[3]。

　第2章，第3章で述べたように，地理においてはDGfGが中心となり，コンピテンシー指向の『ドイツ地理教育スタンダード』が作成され，これまで州教育省によって作成されてきた州地理カリキュラムに徐々に影響を与え

るようになった。ドイツ国内でも，バーデン＝ヴュルテンベルク州（Baden-Württemberg）における第二次世界大戦後のカリキュラムからPISAショック後までのカリキュラム編成原理を検討したKisser（2011），『ドイツ教育スタンダード』のコンピテンシーやそのスタンダードを，2008年版ニーダーザクセン州（Niedersachsen）地理カリキュラムにどのように反映させたかを示したCzapek（2007）のように，PISAショック後の州地理カリキュラムを検討した研究がみられるようになった。

本章では，PISAショック後の16州のギムナジウム地理カリキュラムの比較分析から，各州の改訂動向や特徴を明らかにするとともに，州地理カリキュラムにおけるESDの位置づけを提示する。

1. PISAショック以降の州地理カリキュラム改訂

（1）改訂の経緯

表4-1は，2016年9月1日の時点で，各州教育省が公表する前期中等教育[4]ギムナジウム地理カリキュラムの一覧である。例えば，BW州のように地理でカリキュラムを公表する州もあれば，MV州のように他の教科と合わせたカリキュラムを公表する州もある。また，州地理カリキュラムの表記も「Lehrplan」や「Bildungsplan」といったように，州によってばらつきがある[5]。このように，カリキュラムの名称や公表方法は州によって異なる。

表4-2は，2000年のPISAショック以降の16州における地理カリキュラムの改訂年次，2016年現在の地理の位置づけ，『DGfG勧告』と『ドイツ地理教育スタンダード』（以下，両者を合わせて学会スタンダード等，と表記する）の影響を整理したものである。この表から，2000年のPISAショック以降，各州地理カリキュラムは少なくとも1回以上改訂されていることがわかる。また，州地理カリキュラムの改訂時期は，改訂が途切れた年で3つの時期に区分することができる。

第1期（2000～04年）はPISAショック直後にあたり，BW州とMV州，

1. PISA ショック以降の州地理カリキュラム改訂 59

表 4-1 ドイツ 16 州地理カリキュラムの一覧

	州　名	州カリキュラムの名称	作成／編者	刊行年
旧西ドイツ	バーデン＝ヴュルテンベルク（BW）	Bildungsplan 2016 Geographie	Ministerium für Kultus, Jugend und Sport Baden-Württemberg	2016
	バイエルン（BY）	Der Lehrplan für das Gymnasium in Beyern	Staatsinstitut für Schulqualität und Bildungsforschung	2009
	ベルリン（BE）	Rahmenlehrplan für die Sekundarstufe I Jahrgangsstufe 7-10 Hauptschule Realschule Gesamtschule Gymnasium Geografie	Senatsverwaltung für Bildung, Jugend und Sport Berlin	2006
	ブレーメン（HB）	Rahmenlehrplan für die Sekundarstufe I Jahrgangsstufen 7–10 Geograpfie	Der Senator für Bildung und Wissenschaft Bremen	2008
	ハンブルク（HH）	Bildungsplan Gymnasium Sekundarstufe I Geographie	Freie und Hansestadt Hamburg Behörde für Schule und Berufsbildung	2011
	ヘッセン（HE）	LEHRPLAN ERDKUNDE Gymnasialer Bildungsgang Jahrgangsstufen 5G bis 8G	Hessisches Kultusministerium	2010
	ニーダーザクセン（NI）	Kerncurriclum für das Gymnasium Schuljahrgänge 5-10 Erdkunde	Niedersächsisches Kultusministerium	2015
	ノルトライン＝ヴェストファーレン（NW）	Kernlehrplan für das Gymnasium - Sekundarstufe I (G8) in Nordrhein-Westfalen Erdkunde	Ministerium für Schule und Weiterbildung des Landes Nordrhein-Westfalen	2007
	ラインラント＝プファルツ（RP）	Lehrplan für die gesellschaftswissenschaftlichen Fächer Erdkunde, Geschichte, Sozialkunde	Ministerium für Bildung, Wissenschaft, Weiterbildung und Kultur Rheinland-Pfalz	2015
	ザールラント（SL）	Lehrplan Erdkunde Gymnasium	Ministerium für Bildung, Familie, Frauen und Kultur Saarland	2014
	シュレスヴィヒ＝ホルシュタイン（SH）	Fachanforderungen Geographie Allgemein bildende Schulen Sekundarstufe I Sekundarstufe II	Ministerium für Bildung, Wissenschaft, Forschung und Kultur des Landes Schleswig-Holstein	2015
旧東ドイツ	ブランデンブルク（BB）	Rahmenlehrplan für die Sekundarstufe I Jahrgangsstufen 7–10 Geograpfie	Ministerium für Bildung, Jugend und Sport Land Brandenburg	2008
	メクレンブルク＝フォアポメルン（MV）	RAHMENPLAN Gymnasium Integrierte Gesamtschule Jahrgangsstufen 7-10	Ministerium für Bildung, Wissenschaft und Kultur Mecklenburg-Vorpommern	2002
	ザクセン（SN）	Lehrplan Gymnasium Geographie	Sächsisches Staatsministerium für Kultus	2004
	ザクセン＝アンハルト（ST）	Fachlehrplan Gymnasium Geographie	Ministerium für Bildung Sachsen-Anhalt	2016
	チューリンゲン（TH）	Lehrplan für den Erwerb der allgemeinen Hochschulreife Geografie	Thüringer Ministerium für Bildung, Wissenschaft und Kultur	2012

注：カリキュラムは 2016 年 9 月 1 日現在，各州教育省ウェブサイトに掲載のものである．
各州地理カリキュラムより筆者作成

表 4-2　ドイツ 16 州における PISA ショック（2000 年）以降の地理カリキュラム改訂状況

州	00	01	02	03	04	05	06	07	08	09	10	11	12	13	14	15	16	2016年現在の地理の位置づけ	学会スタンダード等の改訂の影響
BW					◎	→	→	→	→	→	→	→	→	→	→	◎	→	地理科	×
BY										◎	→	→	→	→	→	→	→	地理科	○
BE							◎	→	→	→	→	→	→	→	→	→	→	地理科	×
HB									◎	→	→	→	→	→	→	→	→	世界−環境科, 地理科	×
HH											◎	→	→	→	→	→	→	地理科	△
HE									◎	→	→	→	→	→	→	→	→	地理科	○
NI							◎	→	→	→	→	→	→	→	→	◎	→	地理科	○
NW									◎	→	→	→	→	→	→	→	→	社会科	×
RP													◎	→	→	→	→	社会科学科	○
SL															◎	→	→	地理科	○
SH	PISAショック			DGfG勧告			初版								8版	◎	→	地理科	○
BB								◎	→	→	→	→	→	→	→	→	→	地理科	×
MV			◎	→	→	→	→	→	→	→	→	→	→	→	→	→	→	地理科	×
SN				◎	→	→	→	→	→	→	→	→	→	→	→	→	→	地理科	×
ST				◎	→	→	→	→	→	→	→	→	→	◎	→	→	→	地理科	○
TH												◎	→	→	→	→	→	地理科	○

注1：改訂年次に関する区分は以下のとおり．
　　◎：新版の刊行／公表年とその施行期
　　○：現行版の刊行／公表年とその施行期
注2：改訂年次の 06 年に記載された「初版」および 14 年に記載された「8 版」は，『ドイツ地理教育スタンダード』の版を指す．
注3：学会スタンダード等改訂の影響に関する区分は以下のとおり．
　　○：本文中にスタンダード等の内容への言及・引用，先行研究や作成者による言及・指摘がある．
　　△：本文中等でスタンダード等に言及はないものの，記述内容やコンピテンシーの形式において近似がみられる．
　　×：本文中等において直接の言及・影響はみられない．
各州地理カリキュラムより筆者作成

SN 州，ST 州の 4 州が地理カリキュラムを改訂している．第 2 期（2006 〜 12 年）は『ドイツ地理教育スタンダード』の初版が刊行され，改訂が頻繁に加えられた時期である．『ドイツ地理教育スタンダード』は，2006 年の初版刊行以来，2017 年までに 7 回改訂されているが，この期間だけで 6 回改訂されている[6]。第 2 期までに，RP 州と SL 州，SH 州を除くすべての州が地理カリキュラムを改訂している．第 3 期（2014 年以降）は BW 州と NI 州，RP 州，SL 州，SH 州，ST 州の 6 州が地理カリキュラムを改訂しており，このうち BW 州と NI 州，ST 州は，PISA ショック以降 2 回目の改訂である．

(2) 改訂カリキュラムにおける地理の位置づけ

ドイツの社会系教科について，ギムナジウムを含む前期中等教育全体では，服部（2007a：124）が「地理・歴史・ゾチアルクンデ[7]という地歴公三教科目の分離鼎立型構成が当然のものではなくなっている」と指摘した[8]。しかし，表4-2をみると，ギムナジウムに関しては，16州のうち13州が独立教科としての地理科を設定している。また，BW州では2004年のカリキュラム改訂に伴い地理科が廃止され，地理と公民を統合した統合教科「地理－経済－共同社会（Geographie-Wirtschaft-Gemeinschaftskunde, GWG）」が誕生した（大髙，2010；Kisser, 2011）が，2016年のカリキュラム改訂において地理科が復活した。このように，ドイツでは社会系教科の教科統合の進展が指摘されているが，ギムナジウムでは従来通り，独立教科としての地理が設定されている。

　地理科を採用していない3州のうち2州では，地理，歴史，ゾチアルクンデあるいは政治・経済を統合した教科である社会科（NW州，Gesellschaftslehre），あるいは社会科学科（RP州，Gesellschaftswissenschaftliche Fächer）が設定され，そのなかに地理が位置づけられている。HB州では，5～6学年で地理と歴史，社会の3分野から構成される世界－環境科（Welt-Umweltkunde）を学習し，7～10学年では独立して設定された地理科で地理を学習するようにしている。

　このように，ドイツのギムナジウムにおいては，多くの州が地理科を設定している。ただし，地理科を設定する州においても，他の社会系教科との連携や教科横断的学習内容・方法などが提案されている。つまり，地理は独立教科として設定される傾向にあるが，同時に社会系教科の1領域としての地理教育あるいは地理学習が求められている。

(3) 学会スタンダード等の影響

　表4-2に示した学会スタンダード等改訂のカリキュラムへの影響は，2016年現在の各州地理カリキュラムにおいて「本文中にスタンダード等の内容への言及・引用，先行研究や作成者による言及・指摘があるもの（以下，言及等）を○，「本文中等でスタンダード等に言及はないものの，記述内容やコンピテンシーの形式が近似しているもの（以下，近似）」を△，「本文中等において直

接の言及・影響はみられないもの（以下，影響なし）」を×，で表している。

　その結果，言及等がみられたのはBY州とHE州，NI州，RP州，SL州，SH州，ST州，TH州の8州である。このうち本文中に言及・引用がある州は，ドイツ地理教育の現況を説明するために『ドイツ地理教育スタンダード』のコンピテンシーの特徴を述べたRP州，州カリキュラムにおいて設定されたコンピテンシーが『ドイツ地理教育スタンダード』を参考にしたことを示したST州およびTH州である。また，先行研究や作成者による言及・指摘があるのがBY州とHE州，NI州，SL州，SH州の5州である。このうちBY州とHE州，NI州，SL州の4州に関しては，Hemmer（2012）が『ドイツ地理教育スタンダード』を基礎に州地理カリキュラムを作成したと指摘している。またNI州については，カリキュラム作成者の一人であるCzapek（2007）が，『ドイツ教育スタンダード』のコンピテンシーやそのスタンダードを，2008年版NI州地理カリキュラムにどのように反映させたかを示した。SH州では，SH州教育省が作成した新カリキュラムの説明資料[9]において，『ドイツ地理教育スタンダード』と州地理カリキュラムとの対応関係が示されている。

　近似に該当するのはHH州の1州のみであり，『DGfG勧告』で提案され，『ドイツ地理教育スタンダード』にも示された4つの異なる空間概念に関する記述をみることができる。

　影響なしに該当するのはBW州とBE州，HB州，NW州，BB州，MV州，SN州の7州である。影響なしと判断できる7州は，『ドイツ地理教育スタンダード』の初版刊行以前，もしくは刊行2年以内，すなわち2008年までにカリキュラムが改訂されている。MV州とSN州の地理カリキュラムは，『ドイツ地理教育スタンダード』以前に刊行され，2016年まで改訂されていない。策定年次こそ異なるが，BE州とBB州では2州共通の地理カリキュラムが作成され（吉田，2010），カリキュラムにおいて設定されているコンピテンシーに関しては，『ドイツ地理教育スタンダード』のもとのは異なっている。HB州とNW州においても，獲得を目指すコンピテンシーの数や内容が，『ドイツ地理教育スタンダード』のもとのはコンピテンシーの数や内容という点で異なっている。

BW州ではPISAショック以降，2004年と2016年の2回改訂された。2004年版では「教科特有の方法コンピテンシー」と「教科コンピテンシー」が設定されたが，カリキュラムはコンピテンシー指向ではなく，学習内容指向であった（大髙，2010）。2016年版ではコンピテンシーに関する記述が増加し，各学年で獲得すべきコンピテンシーが細かく設定された。しかしながら，コンピテンシーの枠組み，とりわけ教科コンピテンシーに関しては，基本的に2004年版のものが引き継がれ，『ドイツ地理教育スタンダード』のもとのはコンピテンシーの数や内容が異なっている。

このように，学会スタンダード等は，『ドイツ地理教育スタンダード』の刊行から3年が経った2009年以降に改訂した10州のうち9州で影響を与えている。『ドイツ地理教育スタンダード』などが州地理カリキュラムにどの程度反映されているかについては，州によって違いがみられる。例えば，コンピテンシー領域は『ドイツ地理教育スタンダード』を採用するが，コンピテンシーを構成するスタンダードに関しては州が独自に設定するST州やTH州，あるいは空間概念のみを準拠するHH州のように，一部の内容・項目の反映にとどまる州がある。NI州とSH州のカリキュラムは，『ドイツ地理教育スタンダード』に記述されているコンピテンシーやスタンダードに準拠した学習領域・テーマを示した構成をとっており，この2州はDGfG（2014）の『ドイツ地理教育スタンダード』の最新版（8版）刊行後にカリキュラムが改訂された。

このように，『ドイツ地理教育スタンダード』が改訂を重ね，その完成度や評価が高まるのに応じて，州地理カリキュラムに対しての影響や反映される内容が増加したと考えられる。

2. 州地理カリキュラムにおけるコンピテンシーの位置づけ

(1) コンピテンシーの構造

ドイツではPISAショックの以前からも，コンピテンシーの概念をめぐる議論や研究はなされてきた。これに関して，吉田（2016）は，社会科学[10]分野

でなされた議論がドイツ教育学において参照されていること，教育学者ロートとドイツ教育審議会による1974年の勧告が重要であること，ヴァイネルトによるコンピテンシーの定義が一般的に用いられていることを紹介している。原田（2016：68-69）によると，ヴァイネルトはコンピテンシーについて物理・外国語・音楽等の「教科コンピテンシー（fachliche Komptenz）」，問題解決力やチーム力などを主とする「教科横断コンピテンシー（fachübergreifende Kompetenz）」，そして「行為コンピテンシー（Handlungskompetenz）」の3側面があると述べている。

この3側面に着目して，ドイツの州カリキュラムを検討したのが吉田（2016）である。日本の小学校にあたるドイツの基礎学校および前期中等教育学校におけるドイツ語と数学，自然科学科，体育科の州カリキュラムを比較した彼は，各州カリキュラムにコンピテンシー概念が導入されるなかで，この3側面は強く意識され，明確に位置づけられていると指摘した。これを踏まえれば，州地理カリキュラムにおいても，この3側面が重視されている推測される。そこで，州地理カリキュラムにおいて教科コンピテンシーと教科横断コンピテンシー，行為コンピテンシーの3側面がどのように導入，設定されているかを検討する。

PISAショック後に改訂された州地理カリキュラムでは，従来から設定されていた学習内容に，特定学年の生徒が獲得すべきコンピテンシーが示されている。州ごとに表記の違いはあるものの，教科専門（Fachwissen）やコミュニケーション（Kommunikation），判断（Urteil）といった，コンピテンシー領域（Kompetenzbereich）が各州のカリキュラムに示されている。表4-3は，原田（2016）が示した教科コンピテンシー，教科横断コンピテンシー，行為コンピテンシーの3側面に筆者が区分し直したものである。なお，方法論について原田（2016：9）では，教科横断コンピテンシーに分類されているが，Rinschede（2007：166-167）やMeyer（2011）といった地理教育研究者は，方法論のなかに地理固有の技能と学習方法が含まれる場合，教科コンピテンシーに分類している[11]。この点を踏まえ，教科コンピテンシーに教科方法論，教科横断コンピテンシーに授業方法論の領域を設定した。

2. 州地理カリキュラムにおけるコンピテンシーの位置づけ

表 4-3 州地理カリキュラムにおけるコンピテンシー領域

州名	教科			教科横断			行為
	専門知識	空間定位	教科方法論	授業方法論	社会/コミュニケーション	自己/判断・評価	行動
BW	◎	◎	◎	—	—	◎	◎
BY	—	—	—	—	—	—	△
BE	◎	◎	—	—	—	◎	—
HB	◎	○	—	◎	○	○	△
HH	◎	◎	—	◎	◎	◎	◎
HE	—	—	—	—	—	—	—
NI	◎	◎	◎	◎	◎	◎	—
NW	◎	○	◎	—	—	—	◎
RP	◎	◎	—	◎	◎	◎	—
SL	◎	◎	◎	—	◎	◎	—
SH	◎	◎	◎	—	◎	◎	◎
BB	◎	◎	—	—	◎	◎	◎
MV	◎	○	◎	—	◎	◎	○
SN	—	—	—	—	—	—	○
ST	○	◎	◎	—	◎	◎	○
TH	◎	○	◎	—	◎	◎	○

注1：コンピテンシー領域（例えば，専門知識や分析など）の表記は各州で異なるため，筆者が各州の表記を踏まえて作成した．
注2：「教科」および「教科横断」に関する区分は以下のとおり．
　◎：コンピテンシー領域の設定がある．
　○：コンピテンシー領域の設定はないが，他のコンピテンシー領域において関係する内容が記述されている．
注3：「行為」に関する区分は以下のとおり．
　◎：具体的なコンピテンシーを示したコンピテンシー領域「行動」が設定されている，かつ空間に関連した行動コンピテンシーに関する直接的記述がある．
　○：空間に関連した行動コンピテンシーに関する記述があるが，具体的なコンピテンシーの設定はみられない．
　△：空間に関連した行動コンピテンシーに関する直接的記述はないが，間接的記述あるいは関係した説明がある．
注4：BY州とHE州，SN州の教科および教科横断コンピテンシー（「－」と表記）は，コンピテンシーについての説明はあるものの，獲得すべきコンピテンシーは設定されていない．
各州地理カリキュラムより筆者作成

(2) 教科コンピテンシー

　Meyer（2011）によれば，ドイツ地理教育における教科コンピテンシーは，専門知識（fachliche Kompetenz/Fachwissen）と空間定位（räumliche Orientierungskompetenz），地理固有の学習手法・方法を示す教科方法論

（fachmethodische Kompetenz）を加えた3つの領域から構成される。各州地理カリキュラムをみると専門知識は，自然地理，人文地理，およびその両者から形成される空間を分析，認識するコンピテンシーが含まれる。なおST州では空間定位のなかで，専門知識に関する記述がみられる。

空間定位には，読図や作図，GIS（地理情報システム）の活用などの地図コンピテンシー（Kartekompetenz），地誌的な知識や緯度経度を用いた場所・位置の表現が含まれる。多くの州では，専門知識と空間定位を区別して記述しているが，HB州やNW州，MV州，TH州では専門知識のなかで空間定位に関する記述がなされている。

教科方法論をみると，BW州とNI州，NW州，SL州，SH州，MV州，ST州，TH州では，地理的探求に関連した地理的な問いを設定する，地理的情報が掲載・記述された情報媒体を理解する，地理的情報を収集・分析する，といったコンピテンシーが挙げられている。とくに，BW州とNI州では教授ポイント（didaktische Hinweise）として，地誌的・系統地理的アプローチだけでなく，地図や地図帳，GISのといった地理独自のメディアや野外調査などを示し，地理独自の手法・方法を授業で活用することを求めている。そこでは，問題解決的，価値志向的，行動志向的な授業アプローチを採ることや，学習した概念・方法を他の事例に適応する範例学習[12]（exemplarisches Lernen）も示されている。

なお，コンピテンシーを獲得するための学習内容やテーマは州ごとに設定されている。図4-1aは，系統地理的内容，地誌的内容，系統地理的／地誌的内容から各州カリキュラムの内容構成を整理したものである[13]。図4-1aが示すように，旧東ドイツの州では地理的内容が，旧西ドイツの州では系統地理的内容が優勢となっている。また，4つの異なる空間概念に関しては，HH州とNI州，RP州，SH州が該当する（図4-1b）。このように州によって内容構成が異なっているが，5〜6学年ではヨーロッパにおける特定の場所の位置（空間定位）や地誌的知識が，9〜10学年では人間活動と自然環境が関連する持続可能な開発や人口問題，気候変動などの地球的諸課題が，各州に共通した学習内容やテーマとして認められる。

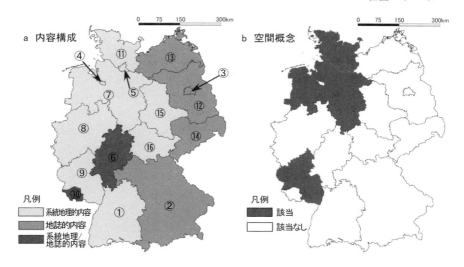

図 4-1　各州における学習内容構成と 4 つの異なる空間概念
注：地図中の各番号は，以下の州を指す；
① BW 州，② BY 州，③ BE 州，④ HB 州，⑤ HH 州，⑥ HE 州，⑦ NI 州，⑧ NW 州，
⑨ RP 州，⑩ SL 州，⑪ SH 州，⑫ BB 州，⑬ MV 州，⑭ SN 州，⑮ ST 州，⑯ TH 州
各州地理カリキュラムより筆者作成

(3) 教科横断コンピテンシー

　教科横断コンピテンシーは主に問題解決力やチーム力などをいい，1 つの教科だけでなく複数の教科や教科横断的学習を通じて育成が目指されるコンピテンシーである（原田，2016：69）。具体的には，授業方法論（unterrichtsnenethodische Kompetenz），他者との協力や他者に対するプレゼンテーションを含む社会／コミュニケーション（Selbst- /Kommunikationskomeptenz），状況を特定の価値観・立場から判断したり，解決策を模索したりする自己／判断・評価（Selbst-/Urteil- und Bewertungskompetenz）などの領域がある（原田，2016：9）。これらの領域には，他教科でも活用できるコンピテンシーも設定されている。

　授業方法論には，HB 州と HH 州，RP 州が該当し，社会系教科あるいは全教科に共通のものが含まれている。例えば HH 州では，自立的に活動・学習する，情報を批判的に獲得するといったコンピテンシーが設定されている。

RR州では，簡単なシミュレーションを実施する，情報収集の方法を省察し，簡単な方法で記述する，といった地理を含めた全教科あるいは社会系教科に通じるコンピテンシーの獲得を目指している。RP州では授業方法論，コミュニケーションと判断に関しては，地理と歴史，公民で共通のコンピテンシーが設定されており，教科横断コンピテンシーが社会系教科を統合する役割を果たしている。さらにRP州では，環境学習やESD，民主主義教育などクロス・カリキュラム的テーマやPBL（Project-Based Learning；課題解決型学習）に取り組むことが提示されている。これらのテーマは地理単独で取り組むことができる一方，関連する教科と連携して取り組むことで，多様な教科専門および学習方法からテーマや課題にアプローチできる。これらに取り組む際に，教科横断型プロジェクト「民主主義議会（Demokratietag）」が，9～10学年に設定されるRP州のように，教科で獲得したコンピテンシーの活用を目指して，他の社会系教科や複数の教科にまたがるPBLを提案する州もある。このように，教科横断的なテーマ・学習を通じて，学習者のコンピテンシー獲得を促進するだけでなく，主体的なコンピテンシーの活用を促し，深化させる意図があると考えられる。

（4）行為コンピテンシー

行為コンピテンシーとは，「実生活や実社会，あるいはそれに近い問題解決の文脈において，習得した知識・技能を生きて働かせる実践活用力」（原田，2016：69）を指し，学習者の将来の生活を見据えて，獲得を目指すものであると解釈できる。行為コンピテンシーは，表4-3が示すように，程度の差はあるものの，すべての州地理カリキュラムで記述されている。具体的に州地理カリキュラムでは，空間に関連した行動コンピテンシー（raumbezogene Handlungskompetenz/Raumverhaltenskompetenz）として記述されている。Butt *et al.*（2006）によれば，州ごとに多様なカリキュラムが存在するドイツにおいて，空間に関連した行動コンピテンシーの育成は唯一，すべての地理カリキュラムに共通する学習目標となっている。空間概念の理解を学習目標の中心において

きたドイツ地理教育では，四半世紀にわたりこの空間に関連した行動コンピテンシーの育成を重視し（服部，2007a），地理教育の上位目標と認めてきた（Viehrig und Volz，2013）。

州地理カリキュラムをみた場合，空間に関連した行動コンピテンシーに関する記述には，①自然環境と人々の活動の相互関係からの空間認識，②その認識を踏まえた空間形成，の2点が含まれる。①は，主として自然地理・人文地理，そして空間認識にかかわる専門知識と空間定位，これに関係する方法論を含む教科コンピテンシーが関連する。②は，空間形成に必要な方法や価値観形成に携わる方法論と社会／コミュニケーション，自己／判断・評価を含む教科横断コンピテンシーが関係する。つまり，行為コンピテンシーは教科コンピテンシーと，教科横断コンピテンシーに立脚する領域であることがわかる。

このうち，表4-3中○印のHE州とNI州，MV州，SN州，ST州，TH州の6州では，空間に関連した行動コンピテンシーの説明のみで，獲得すべきコンピテンシーの内容は設定されてはいない。一方で◎印を記したBW州とBE州，HH州，NW州，RP州，SL州，SH州，BB州の8州では，空間に関する行動コンピテンシーに関する説明と獲得すべき具体的なコンピテンシーを示したコンピテンシー領域である行動（Handlung）が設定されている。これら8州で設定された行動には，獲得したコンピテンシーを用いて空間や社会で行動するための資質や行動基準が含まれており，BW州とSH州は持続可能性を行動基準とした行動コンピテンシーの育成を目指している。

3．ESDと州地理カリキュラム

ドイツ地理教育において，持続可能性および持続可能な開発への取り組みは重要な課題であり，州地理カリキュラムにおいてもその重要性を述べたものは多い。本節では，州地理カリキュラムにおける持続可能性および持続可能な開発あるいはESD[14]の取り扱いが異なる3州（RP州とSH州，MV州）を取り上げ，その特徴について述べる。

(1) メクレンブルク＝フォアポメルン州

　MV州の地理カリキュラムは，2002年に改訂され，2016年現在においても改訂されていない。ESDが2002年に提唱され，UNDESD（2005～14年）の10年間にわたって推進されたことを考えると，他州と比べてESDに対するMV州の取り組みが早かったことが指摘できる。

　MV州の地理カリキュラムは，大きく2つの章（「前期中等教育全体に関する情報」，「地理科に関する内容」）から構成されている。「前期中等教育全体に関する情報」は他教科と共通する部分であり，この章のなかの「授業設計（Gestaltung des Unterrichts）」において，ESDに関する概要が記述，生徒がESDを通じて身に付けるべき能力が説明されている。

(2) シュレスヴィヒ＝ホルシュタイン州

　SH州の州地理カリキュラムは2015年に改訂され，『ドイツ地理教育スタンダード』に準拠したカリキュラム構成である。

　ESDに関する言及は，地理科の概要について述べた部分（一般・専門教育への貢献，コンピテンシー領域など）おいてみることができる。図4-2は，SH州における地理科の構造とその教育貢献について示したものである。

　この図は，環境，経済，社会のバランス関係を示した持続可能なトライアングルとともに，地理教育の目標である行動コンピテンシーが，「現代と将来における地球の持続可能な形成」を目指していることを示している。つまり地理科の役割は，持続可能な開発の3観点（環境，経済，社会）から地球をとらえるとともに，持続可能な開発を行動基準として社会の形成に取り組むことであると解釈できる。

　また，SH州のカリキュラムは『ドイツ地理教育スタンダード』に準拠したコンピテンシー領域およびスタンダードを設定している。その中では，コンピテンシー領域「教科専門」に関するコンピテンシー「さまざまな種類と規模の空間における人間－環境関係を分析する能力」は，ESDにとって重要な

図 4-2　SH 州地理科の構造と教育貢献
Ministerium für Bildung, Wissenschaft, Forschung und Kultur
des Landes Schleswig-Holstein（2015：12）を筆者邦訳

基礎であること[15]が述べられている（Ministerium für Bildung, Wissenschaft, Forschung und Kultur des Landes Schleswig-Holstein, 2015：17）。

このコンピテンシーを獲得するために設定された学習内容・テーマとしては，「SH 州からみたドイツの地理」，「ヨーロッパにおける経済空間」，「空間とその従属性，可能性」，「変化する空間」，「ジオシステム―モデルとつながり」，「資源の持続可能な活用―知識，行動，そして責任」の 6 つが関係する。地理カリキュラム全体で 10 のテーマが設定されており，半数以上のテーマでこのコンピテンシーの獲得を目指した学習が展開されていることがわかる。

さらに，多様な行動領域において現在と将来にわたって持続可能な地球を形成する，という持続可能な開発を行動基準とした行動コンピテンシーの育成が目指されている。

（3）ラインラント＝プファルツ州

RP 州は，地理・歴史・ゾチアルクンデを統合した社会科学科を採用する州である。RP 州における ESD の特徴は，ESD において獲得を目指すコンピテンシーである「形成能力」[16]を社会科学科カリキュラム上において明確に位置づけている点である（図 4-3）。

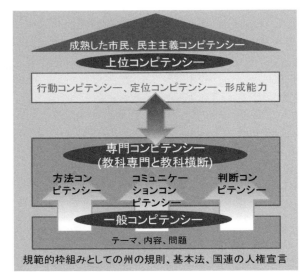

図4-3　RP州社会科学科のコンピテンシー構造
Ministerium für Bildung, Wissenschaft, Weiterbildung und Kultur Rheinland-Pfalz（2015：5）を筆者邦訳

　図4-3は，社会科学科全体で獲得を目指すコンピテンシーの構造を示したものである。「形成能力」は上位コンピテンシーの1つとして位置づけられ，同コンピテンシーはすべての社会系科目にかかわる一般（教科横断）コンピテンシーおよび教科コンピテンシーを通じて獲得される。つまり，RP州では地理だけでなく，歴史やゾチアルクンデにおいても，ESDの学習を通じた「形成能力」の獲得が目指されていることがわかる。

　これまでのESDに関するカリキュラムでは，地球的問題等がベースとなる学習内容[17]が重視されてきた。PISAショック後，カリキュラムが学習内容からコンピテンシー指向へと変化するなかで，ESDの学習の目標を「形成能力」の獲得と位置づけた点で，RP州カリキュラムは他の州にはない特徴をもっている。

(注)

(1) 中等教育にはギムナジウム（Gymnasium），実科教育（Realschule），基幹学校（Hauptschule），総合制学校（Gesamtschule）などがある．本章で対象とするギムナジウムは，高等学校卒業資格兼大学入学資格アビトゥーア（Abitur）の取得を目指す生徒が通う学校である．

(2) PISAの概要，2000年の結果ならびにその後実施されたPISAの結果については，久田（2013）に詳しい．

(3) 吉田（2016）や原田（2016：68）は，その理由として，ヴァイネルトがOECDによるコンピテンシープロジェクト（DeSeCoプロジェクト）において「コンピテンシーの構想」を担当していたことを指摘している．

(4) 前期中等教育（Sekundarstufe I）は，州によって多少異なるものの，おおむね第5～10学年を指す．

(5) 原田（2010：12）は，「ドイツの公教育における国家（州）基準としてのカリキュラムを意味する用語は州ごとに異なる」と述べ，例として「教育計画（Bildungsplan）」，「教授計画（Lehrpläne）」，「大綱計画（Rahmenpläne）」，「大綱教授計画（Rahmenlehrpläne）」，「大綱指針（Rahmenrichtlinien）」，「指針と教授計画（Richitlinien und Lehrpläne）」を挙げている．また，Lehrplanの読みのまま「レールプラン／レアプラン」と表記する文献もある．

(6) 改訂年次は，初版刊行と同じ2006年（第2版），2007年（第3版，第4版），2008年（第5版），2010年（第6版），2012年（第7版），2014年（第8版）である．

(7) ゾチアルクンデ（Sozialkunde）とは，「取り扱う領域からいえば，我が国の中学校社会科の公民的分野に相当するものである」（服部，2009：18）．

(8) ドイツの社会系教科カリキュラムの編成を研究した服部（2009）は，1980年代から1990年代にかけて，変革があったことを指摘している．また，その背景として服部（2007a）は，ドイツ統合やヨーロッパ統合などを契機に政治教育（politische Bildung）の役割や使命が問い直されたことを指摘している．

(9) SH州教育省ウェブサイト（http://lehrplan.lernnetz.de/index.php?wahl=199（2016年9月9日閲覧））に掲載されたPDFファイル「Präsentation zu den Fachanforderungen Geographie（地理科への取り組みに関する要求）」による．

(10) 心理学者ホワイト，マクレランド，言語学者チョムスキー，政治哲学者ハーバマスの議論が参照されている．各議論の特徴・主張に関しては，吉田（2016）を参照のこと．

(11) Rinschede（2007：166-167）は方法論に関するコンピテンシーには，教科方法

論的コンピテンシー（fachmethodische Kompetenz）と，グループ学習やディスカッションといった授業方法論的コンピテンシー（unterrichtsmethodische Kompetenz）の2つが含まれていると述べ，前者は教科コンピテンシーに分類されるべきという見解を示している．
(12) 範例学習に関しては，大髙（2010）を参照のこと．
(13) ドイツの全学校種を対象に，地理の学習内容を調査した研究として，Uhlenwinkel（2013）がある．同研究では，ドイツ地理教育における学習内容に関する2つの議論（地誌学習と系統地理学習，および空間概念）について，その概要が説明されるとともに，2009年時点の地理教科書の目次の比較検討から，州別の地誌学習と系統地理学習の採用状況が明らかにされた．
(14) 持続可能性や持続可能な開発そのものに対する言及は多くの州でなされているが，ESD自体に対して直接的な貢献や接点を述べた州地理カリキュラムは少なく，BW州とNI州，RP州，SH州，MV州の5州にとどまっている．
(15) 『ドイツ地理教育スタンダード』においても，同コンピテンシーがESDの基礎であることが述べられている（DGfG, 2014：12）．
(16) 形成能力の概要に関しては，トランスファー21（2012：80-85）を参照のこと．
(17) 地理における学習内容は，7～10学年にかけて「持続可能性」や「グローバル化」などが設定されている．また，2016年12月2日にRP州にて，社会科学科カリキュラム・地理責任者のDr.Schwarz氏から聞き取りを行った際には，地理で扱うすべての学習内容・テーマがESDに関係していると述べていた．

第5章　バーデン゠ヴュルテンベルク州におけるESDと地理学習

1. バーデン゠ヴュルテンベルク州『教育プラン2004』の構造

(1) 統合教科「地理－経済－共同社会」の概要

　第4章で述べたようにドイツの各州は，PISAショックを契機として，コンピテンシー指向のレールプラン／カリキュラム（以下，本章ではカリキュラムとする）へと改訂が進められた。本章で取り上げるバーデン゠ヴュルテンベルク州（Baden-Württemberg，以下BW州とする）は，他の州に先駆けて『教育プラン2004（*Bildungsplan 2004 Allgemein bildendes Gymnasium*）』を2004年に導入した（大髙，2010）。『教育プラン2004』では環境教育と持続可能性が重視されるとともに，改訂に伴いカリキュラムにおける地理の位置づけが変化した。このようにBW州は，学校教育全体で持続可能性を取り組む課題として掲げ，また教育改革に伴う地理の位置づけの変化は注目すべき点である。

　BW州における前期中等教育（5～10学年）のギムナジウムでは，地理学習は地理と公民（経済，共同社会）を統合した統合教科「GWG（Geographie-Wirtschaft-Gemeinschaftskunde；地理－経済－共同社会）」が担っている。GWG成立の背景にはPISAショック後の教育改革が関係し，『教育プラン2004』導

統合教科「地理－経済－共同社会」			
地理	統合モジュール	経済	共同社会

図5-1　GWGの枠組み（筆者作成）

入を契機に，独立教科であった地理が，GWGのなかに位置付けられることになった。図5-1はGWGの枠組みを示したものである。

ここではまず，GWGの概要について述べる。GWGにおける学習目標は，『教育プラン2004』(Minisuterium für Kultus, Jugend und Sport Baden-Württemberg, 2004：234) において，以下の4点が示されている。

(1) 1つの世界における社会的構造とプロセスの理解のために必要不可欠な知識と技能
(2) 社会的，政治的，地理的，そして経済的な相互依存のなかで，これらの状況を理解し，評価することができる能力
(3) 個人・社会的な決定状況や問題状況において，自立的で正しい判断ができる能力
(4) 明確な生活状況において，社会的責任や持続可能性の観点の下で，個人的な決定を行い，実行に移すことができる能力

(1)・(2) は理解目標に該当し，社会構造ならびにその形成過程を，GWGを構成する各分野から個別的，あるいは総合的に理解することが目標とされている。(3) は判断目標，(4) は行動目標に該当する。ESDに関しては (4) に示されているように，行動基準として持続可能性が示されている。GWGでは，地理，経済，政治の各分野から社会を理解することを通じて，持続可能性の観点から判断・行動する能力の獲得が目指されていると解釈できる。

また，GWGにおける枠組みの特徴として，①各分野における「行動コンピテンシー」の育成，②統合モジュールとしての「経済分野」，の2点がある。①に関しては，分野ごとに目標が設定されており，その上位目標として各分野に関連した行動コンピテンシーの育成が目指されている（表5-1）。②に関する特徴は，経済分野は専門横断的な学習のために，統合モジュールとしての役割を果たしている点である。そのため経済分野は単独で教授されることはない。5～7学年では地理と経済，8～10学年では経済と共同社会に関連する

表 5-1　GWGの各分野における専門的行動コンピテンシー

分野	各分野の行動コンピテンシー
地理	生活空間に関する総合的な理解のための空間に関連した行動コンピテンシー
経済	経済的状況・問題を克服する状況にある成熟した経済市民の目標をもった経済的行動コンピテンシー
共同社会	民主主義における政治的に成熟した市民の目標をもった政治的，社会的行動コンピテンシー

Ministerium für Kultus, Jugerd und Sport Baden-Württbemberg（2004：234）より筆者作成

表 5-2　GWGにおけるテーマ領域とコンピテンシー

学年	テーマ領域	コンピテンシー
5/6学年	身近な経験空間における観察，定位，民主主義的行動	・前もって定められた基準を用いて状況を観察，評価することができる． ・身近な経験空間に関する位置関係を知る． ・さまざまな生活様式や経済様式を知り，反映する． ・社会的責任において個々の関心を省察することができる． ・民主主義的行動の協力方法とやり方を知り，反映する．
7/8学年	異なる文化空間における生活と活動	・さまざまな文化空間におけるさまざまな生活様式や経済様式を知り，反映する． ・文化的，経済的交流の可能性と限界を論じることができる． ・1つの世界における持続可能な開発の次元に関する認識をもつ．
9/10学年	地球規模の課題と将来の確保	・生活土台の確保における民主主義的発展の影響を判断することができる． ・アジェンダ21の文脈における経済的，生態的，政治的，社会的観点における将来ある発展の方法を知り，反映する． ・世界規模の格差の解消と世界平和の確保に向けた協力の観点を知り，判断する．

Ministerium für Kultus, Jugerd und Sport Baden-Württbemberg（2004：236）より筆者作成

学習が設定され，地理と共同社会が各分野の行動コンピテンシーと合わせて経済分野の行動コンピテンシーの育成を担当する構造になる（Ministerium für Kultus, Jugend und Sport Baden-Württemberg, 2004：235）。そのため，地理，共同社会には各分野の専門的内容に加え，地理と共同社会に関連する経済的内容が設定されている点に，GWG最大の特徴がある。

　表5-2は，GWGの統合モジュールを用いたテーマ領域とコンピテンシーを示したものである。『教育プラン2004』では，6，8，10学年修了時において生徒が獲得すべきコンピテンシーと，それを獲得するためのテーマ領域が提示さ

れている。学習対象となる空間は，学年が上がるにつれて，身近な空間から地球規模の空間へと拡大する。コンピテンシーに関しては，5/6学年では各分野固有（教科固有）のコンピテンシーが設定され，学年が上がるにつれて，分野間のつながりを意識したコンピテンシーが設定されている。ESDとの関連からみれば，次の2点が指摘できる。

1点目は，第7学年以降の学習において持続可能な開発に関するコンピテンシー（7/8学年「1つの世界における持続可能な開発の次元に関する認識をもつ」，9/10学年「アジェンダ21の文脈における経済的，生態的，政治的，社会的観点における将来ある発展の方法を知り，反映する」）が設定されている点である。

2点目は，7/8学年と9/10学年における持続可能な開発に関するコンピテンシーの違いである。7/8学年では，ESDの領域のなかでも開発教育やグローバル教育において比較的多く用いられてきた「1つの世界（Eine Welt）」という文言が登場している。一方，9/10学年では，1992年のリオデジャネイロ・サミットにおいて採択された行動計画「アジェンダ21」の文言が用いられている。7/8学年では主に経済や開発格差といった社会・文化や経済にかかわる観点が，9/10学年では持続可能な開発の3観点である社会・文化，経済，環境間のバランスという観点が獲得するコンピテンシーに反映されていると解釈できる。

上述から，GWGの目標や学習内容・コンピテンシーに関しては，持続可能な開発が意識されており，ESDの実践にあたっては地理だけでなく，経済や共同社会の分野においても取り組むべき課題として位置づけられていることがわかる。このようにGWG全体でESDに取り組むなかで，地理分野ではどのようなESDの学習が展開しているのか。次に地理分野の検討を試みる。

(2) 地理分野における目標

地理分野の上位目標は表5-1に示すように，「生活空間に関する総合的な理解のための空間に関連した行動コンピテンシー」の育成である。また，経済分野の一部を地理が担当することから，「経済的状況・問題を克服する状況にあ

る成熟した経済市民の目標をもった経済的行動コンピテンシー」の育成も視野に入れている。これらに対して，以下の下位目標が設定されている。

（1）空間定位に関する知識
（2）空間認知と評価に関する知識
（3）世界のさまざまな地域における自然・文化に関する知識
（4）社会－経済システムに関する知識
（5）他の民族の生活と経済に関する知識
（6）行動に関する知識

（1）～（3）は，地理の基礎的な概念に関する知識である。(4)・(5)は地理分野と経済分野の両方に共通する知識であり，地理と経済との連携が意識された目標である。(6)に関して『教育プラン2004』中で，「1つの世界における持続可能な開発に協力することができるために，適切な行動の知識を必要とする」（Ministerium für Kultus, Jugend und Sport Baden-Württemberg, 2004：238）とあるように，持続可能な開発に貢献できる行動のための知識であるといえる。

このように，地理分野の目標は地理を主としながらも，経済分野との連携から空間を認識し，それを踏まえた持続可能な開発にかかわる行動の育成が設定されている。

(3) 地理分野における学習内容とコンピテンシー

『教育プラン2004』もまた，PISAショックの影響を受け，コンピテンシーが意識されたカリキュラムであり，「教科特有の方法コンピテンシー（fachspezifische Methodenkompetenz」と「専門コンピテンシー（Fachkompetenz）」から学習内容が規定される。その一方で大髙（2010）は，『教育プラン2004』は学習内容志向であり，「テーマ領域によってカリキュラムを構成し，目標よりも内容が前面に押し出された」(p.139)ものであると指摘した。表5-3は，『教育プラン2004』が示す各学年におけるテーマ領域とそれに従属するコンピテ

表 5-3　地理分野におけるテーマ領域とコンピテンシー

学年	テーマ領域	コンピテンシー
5/6学年	1. 惑星地球	・太陽系の基礎構造, とりわけ地球の形を詳しく述べることができる. ・場所に関する空間的配置を決定するために, 距離, 方位, 緯度経度, 縮尺に関する空間観念を活用できる. ・地球上における簡単な配置システムを用いて自分の位置を知ることができる.
	2. 大地方ドイツにおいて選択された自然, 生活, 経済空間	・ドイツを大地方で区分し, それらを特徴づけることができる. ・バーデン＝ヴュルテンベルク州とドイツの景観に対して, 優勢となる地形, 自然現象, その空間への人々の活動の影響を記述し, それに関連した将来ある行動観点を養成することができる. ・選択された都市圏空間の中身と機能を理解することができる.
	3. ドイツとヨーロッパにおける定位	・縮尺選択の視点からドイツにおける政治的, 空間的まとまりを地域化, 説明し, そしてそれらを適切な機能で割り当てをすることができる. ・ヨーロッパを自然的, 政治的, 文化的状況から区分し, ヨーロッパの決まった配置関係の知識を自在に活用することができる.
	4. ヨーロッパにおける自然, 生活, 経済空間	・ヨーロッパ地域において, 一方で気候, 利用, 植生, 他方で生活条件間のつながりを指摘することができる. ・自然現象と自然災害を人々の脅威としての結果から模範的に説明することができる. ・自然と生活空間としてのヨーロッパの山脈（アルプス）を理解, 人間の（土地）利用による自然空間の危機を指摘, 山脈地域における未来ある開発のための行動観点を追体験して理解することができる. ・活動的な事例にもとづいて, 自然要素, 生産要素, 市場の依存における農業生産のつながりを説明, ならびに土地利用と未来志向の解決方法を通じて起こりうる環境危機を示すことができる. ・生産に関する主要な特徴とそれに関連した生産, 加工, 出荷と消費（利用）間の分業を模範的に記述することができる. ・選択された経済空間の事例に関して, 基本的前提条件と経済上の生産の変化を指摘することができる. ・重大な影響を及ぼす経済要素としての観光の重要性とヨーロッパのある選択された地域における観光から生じる問題を説明することができる.
7/8学年	5. さまざまな気候帯における自然, 生活, 経済空間	・地球上のさまざまな気温帯の図表と四季の発生を説明することができる. ・気候的状況と植生, 動物, 人間の適応のつながりを, 自然的生活条件の観点から指摘することができる. ・熱帯内の循環を説明することができる. ・多様な要素（光, 気温, 高度, 海流の影響, 山脈）の相互作用による気候帯の形成と配置（分布）を論じることができる. ・熱帯雨林, タイガ, サバンナにおける人々の介入の影響範囲を指摘し, 将来ある行動観点を論じることができる. ・気候区分にもとづいて, 空間的差異と地球上の地域区分に関する重要性から気候的状況を, 理解することができる.

学年	テーマ領域	コンピテンシー
7/8学年	6. 1つの地球－1つの世界	・異なる発展（段階）にある国家における出生行動に対する重要な影響要素を挙げ，将来ある人口発展のモデルを解釈し，人口発展とそれから生じる問題間のつながりを確立することができる． ・地球規模の物流，国際分業，世界市場における競争状況を模範的に理解し，説明することができる． ・異なる発展状況にある国家に対する自由主義世界市場のチャンスとリスクを説明することができる． ・地球上の発展格差を多様な要因の関係性から論じることができる． ・1つの世界におけるバランス志向の開発のための対策を論じ，持続可能な経済の解決アプローチを示すことができる．
	7. 世界的な移動	・世界人口の構造と分布に関する資料を解釈することができる． ・移動の基本と形式を指摘し，交通の構造を表現することができる． ・経済と交通に関する関係性を世界貿易品の事例から指摘することができる． ・（遠出の）観光をその機能と影響から評価し，持続可能な行動に対する戦略を議論することができる． ・移住と逃避行動を政治，宗教，経済，生態的結果として理解し，その影響を論じることができる． ・持続可能な交通発展と移動の可能性を指摘し，議論することができる．
9/10学年	8. 人々が空間を特徴づける	・空間における人々の存在とその機能の影響を理解し，空間を特徴づける構造とプロセスを分析することができる． ・空間モデルを解釈することができる． ・単一構造や複数構造のような構造を区別することができる． ・社会的集団，社会の空間的有効性を理解し，説明することができる． ・都市や空間計画の可能性と限界を模範的に示すことができる．
	9. 岩石圏の発展と構造	・地球の発展史をその特徴から表現することができる． ・地球の内部構造とその調査方法を説明することができる． ・循環プロセスとしての岩石の形成を説明し，鉱床の持続可能な利用の必要性を認識することができる． ・今日の調査状況にもとづいて，現在の大陸と海洋の分布に関する理論を解釈し，これらの意見について批判的な立場をとることができる． ・境界ならびに地殻変動のプレート内における原理的な構造とプロセスを特徴づけることができる．
	10. 大気圏のプロセス	・大気圏の構造と構成を記述することができる． ・エネルギー収支をその影響から理解することができる． ・天気の現象の特徴を気候因子と気候要素の関係性から説明することができる． ・地球規模の大気循環の基礎をその動態から説明することができる．
	11. 大気の危機と保全	・気候の自然的変化を説明することができる． ・大気圏の構造における人的制限による変化と地球規模の気候変動のつながりを理解することができる． ・大気の保全のための戦略と対策を政治と社会から評価することができる． ・エネルギー効率とエネルギー輸送に関する最小限の利用のための技術の可能性を指摘することができる． ・持続可能な都市開発に対する戦略を論じることができる．

注：テーマ領域の番号は，著者が便宜上付けたものである．
Ministerium für Kultas, Jugerd und Sport Baden-Württemberg（2004：240-242）より筆者作成

ンシーである。大髙（2010）が指摘するように，『教育プラン2004』ではテーマ領域とコンピテンシーの従属関係が明確に示されている。

テーマ領域に従属するコンピテンシーは，より具体的な学習内容（例えば，テーマ領域「世界的な移動」におけるコンピテンシー「世界人口の構造と分布に対する資料を解釈することができる」からは，人口ピラミッドの資料を用いて人口成長や国ごとの人口構造を学習することが読み取れる）を示している。この点を踏まえながら，内容構成について検討する。

学習で取り扱われる空間スケールは，5/6学年における身近な地域から出発し，7/8学年では地球規模，9/10学年では地表面だけでなく地球の内部や大気圏を含めた地球全体へとスケールを拡大させている。5/6学年では，扱う地域（BW州，ドイツ，ヨーロッパ）が指定されており，コンピテンシーをみるとその地域固有の知識（地誌的な知識）の獲得や一般的な概念の獲得を目指していることわかる。7/8, 9/10学年になると，取り扱う具体的な地域は提示されず，一般的な概念の獲得やテーマ領域に関連した空間構造および問題をスケールに対応させて説明したり，解決策を議論したりする（例えば，テーマ領域「世界的な移動」におけるコンピテンシー「持続可能な交通発展と移動の可能性を指摘し，議論することができる」）ことが目指されている。

また，経済分野に関連するテーマ領域やコンピテンシーは主に，5/6, 7/8学年で設定される[1]。一方で，9/10学年では設定されておらず，9/10学年では自然システム（自然地理的システム）に該当するような岩石圏や大気圏，大気の危機と保全がテーマ領域として設定されている。言い換えれば，5〜8学年にかけては経済を中心とした人文地理的内容の比重が自然地理的内容よりも高い。このような学習テーマの配列の要因には，5〜7学年にかけて地理と経済の連携が設定され，両者の視点から学習に取り組むことが求められていることが考えられる。

上述からGWGの地理では，5/6学年ではヨーロッパを含むドイツを中心とした地誌学習を，7/8学年以降では系統地理学習（例えば，気候や，人口，都市，大地形・小地形など），特定のテーマやそれに関連した問題を設定，配置して

いる。また，ESDに関係する地球規模の諸問題に関してみると，主に7/8学年以降に設定されており(例えば，「1つの地球－1つの世界」，「世界的な移動」，「大気の危機と保全」)，各テーマに関連した持続可能な解決策（例えば，持続可能な経済の解決アプローチや持続可能な都市開発など）に関して議論する，あるいは論じることのできるコンピテンシーの育成が目指されている。

2. バーデン＝ヴュルテンベルク州地理教科書 *TERRA GWG Geographie-Wirtschaft* にみる地理学習とESDの特徴

　ドイツでは各州教育省による教科書検定制度がとられており[2]（長島，2009），BW州においても教科書検定制度が採用されている[3]。教科書の執筆・作成にあたっては大学の地理教育研究者や現場教員が担当しているが，山本（2014b）によれば，教科書作成が教科書会社に任せっきりにされている現状にある。本節で取り上げるObermann（2004-2007）のBW州地理教科書 *TERRA GWG Geographie-Wirtschaft Gymnasium Baden-Württemberg*（以下，BW州*TERRA*とする）は，BW州の大学研究者，現場教員が主に執筆・編集に携わり，他の州の研究者もまた執筆・編集に携わっている[4]。

(1) バーデン＝ヴュルテンベルク州地理教科書 *TERRA* の全体構成と持続可能な開発の学習

　表5-4に示すように，BW州 *TERRA* は4巻から構成され，タイトルからみてとれるように地理分野だけでなく経済分野の内容も含まれている。他の州の *TERRA* シリーズの多くが3巻から構成されているが，BW州 *TERRA* は他の州よりも1巻多く，5/6学年に対応する学習が2冊（第1巻，第2巻）にわたっている。

　『教育プラン2004』に対応して，学習する事例の空間スケールは学年が上がるにつれて拡大する。学習内容に関しても『教育プラン2004』が提示するテーマ領域と対応している[5]が，テーマ領域等と対応がみられない単元もある。

表 5-4　BW州 *TERRA* の構成と『教育プラン 2004』との対応関係

巻	単元	小単元数	対応する テーマ領域
1. (5/6 学年)	地理－私たちの地球	8	1
	自分の位置を知ろう	7	
	自然の手がかり	5	
	経済の手がかり	8	
	ドイツと BW 州の概要	9	2
	アルペンの前縁	6	2
	中級山地とその前縁	17	2
	北海と東海（バルト海）	10	2
	総合：地方自治体における生活－協同－共同決定	12	
	私たちの町の交通－プロジェクト	6	
2. (5/6 学年)	ヨーロッパ大陸	6	3
	ヨーロッパの気候と自然空間	10	4
	ヨーロッパのリゾート地	7	4
	ヨーロッパの自然現象	6	4
	ヨーロッパの農業	10	4
	ヨーロッパの産業	8	4
	多くの人が生活し働く場所	8	4
	ヨーロッパの交通	7	4
	ヨーロッパの都市	8	4
	アルペン	13	4
	学習グループ－徐々に１つになるヨーロッパ	7	3
3/4. (7/8 学年)	私たちの１つの世界	3	
	地球の気候帯	5	5
	熱帯雨林	10	5
	サバナ	10	5
	乾燥空間	11	5
	寒帯	13	5
	地球の気候帯と景観区分	3	5
	増加する人々	13	6 と 7
	モビリティ社会	9	7
	グローバル経済	7	6
	１つの世界－不平等な世界	12	6
	将来を探す	9	7
	多様な文化空間における生活と仕事	23	
5/6. (9/10 学年)	中国の空間分析	9	8
	人々が空間を作り出す	7	8
	持続可能な都市開発	6	8
	不安定な地球	13	9
	大気圏プロセス	12	10
	大気圏の危機と保全	5	11
	地球規模の課題と将来の確保	20	11

注１：作成にあたり単元「付録」は除外した．
注２：テーマ領域は表 5-3 に対応する．
BW 州 *TERRA* より筆者作成

2. BW 州地理教科書 TERRA GWG Geographie-Wirtschaft にみる地理学習と ESD の特徴　85

表 5-5　ESD に関する諸問題

	持続可能性に関する諸課題
社会問題	雇用，人権，ジェンダー，平和，人間の安全保障
環境問題	水，廃棄物
経済問題	貧困削減，企業責任，アカウンタビリティ
世界中の関心を集める大問題	HIV/AIDS，移民，気候変動，都市化

阪上（2012）より引用

　例えば，1 巻「総合：地方自治における生活－協同－共同決定」や 3/4 巻「私たちの 1 つの世界」がこれに該当する。前者の単元では，前半の小単元において BW 州の Ravensburg という街を対象とし，町の発展や土地利用，都市の地図化を学習させ，後半の小単元で架空の自治体 Mannhardt を舞台に，町のスポーツ施設の存続をテーマにして，自治体とは何か，税金は誰が使い，どのような用途に活用されるのかといった，地方自治の仕組みについて学ぶ。つまり，ローカルな町の仕組みを地理と共同社会分野が共同で学習することを意図して設定されたものである。

　後者の単元は，3 つの小単元「みんな世界市民」，「縮小する世界」，「1 つの世界－時差」から構成される。小単元「みんな世界市民」では，学習者と同じくらいの年齢で，国が異なる 5 人の写真と生活の状況が示され，彼らの国の位置を探す，5 人の生活を余暇の過ごし方や教育等から分類する，学習者が気に入るあるいは気に入らないところを書き出す学習活動（アクティビティ）が設定されている。この単元は，3/4 巻が地球規模の空間を対象に学習が展開されることを踏まえ，設定されたものであると考えられる。上述のように，BW 州 TERRA 独自の単元がみられるが，おおむね『教育プラン 2004』の提示するテーマ領域等に対応した構成である。

　また，持続可能性や持続可能な開発について直接的に学ぶ単元としては，2 巻「ヨーロッパのリゾート地（Urlaubsgebiete in Europa）」，3/4 巻「熱帯雨林（Im Tropischen Regenhald）」，「サバンナ（In den Savannen）」，「寒帯（In der Kalten Zone）」，5/6 巻「持続可能な都市開発（Nachhaltige Stadtentwicklung）」が該当する（表 5-4：網掛け部分）。「ヨーロッパのリゾート地」と「熱帯雨林」，「寒帯」

第5章　バーデン＝ヴュルテンベルク州におけるESDと地理学習

表5-6　単元「持続可能な都市開発」の単元の展開

展開	小単元名	学習内容	学習課題	資料
事例（コンパクトシティ）	1. テュービンゲンのFranzösische Viertel（地区名）	コンパクトシティ（軍用地跡の再利用に関する5つのプロジェクト（古い建物の再活用，職・住・文化の共存，建設コミュニティと土地の分割，市民の参加と統合，公共空間と交通））の考えにもとづいた都市開発の過程の理解を通じて，アジェンダ21の掲げる持続可能な都市開発について学習する．	①ジグソー学習の方法を用いて，Französische Viertelに関するページを作成しなさい．5つの専門グループをつくり，本文，写真，統計資料を活用してテーマに関するものをつくりなさい． ・全員：Französische Viertelの序章 ・グループ1：古い建物の密度と復興 ・グループ2：小さな部分からなる混合利用 ・グループ3：公共空間と交通 ・グループ4：都市文化，市民参加と統合 ・グループ5：持続可能な都市開発 ②専門グループ内で一緒に，情報交換のための書類として，一目でわかる図表を構想しなさい． ③いつものグループをつくり，互いに情報を伝えなさい． ④追加課題：グループ6は，インターネットで自分たちの町におけるアジェンダ21に関する取り組みを調べなさい．グループ7は，自分たちの町における新たな住宅地区の計画原則を調べなさい．	①都市南部の開発地帯の数字 ②2005年のテュービンゲンと対象地区の人口構造の比較 ③1991年の対象地区の写真 ④2005年の対象地区の写真 ⑤家の庭の写真 ⑥かつての馬小屋（現在は住宅）の写真 ⑦店の並びの写真 ⑧家具製作店の写真 ⑨通りの写真 ⑩地区のはずれのパーキングビルの写真 ⑪店の写真 ⑫コンパクトシティの看板の写真 ⑬ドイツの2005年の土地利用の円グラフ
持続可能な都市開発に関するアンケート調査方法	2. 専門家へのアンケートの実施－持続可能な都市開発	持続可能な都市開発にかかわる人たちに対するアンケートの準備，実施，事後処理の方法について学習する．	①持続可能な開発に対する対策や可能性の視点から，君たちの都市を調査しなさい．領域を1つ選び，それについて生活に調べなさい．専門的なアンケートを用いて，この情報を深めなさい．	①持続可能な都市開発のモデル ②持続可能性に関する文章
事例（再開発）	3. ミュンヘン-リーム：未来の都市？	エコを開発指針に掲げて空港跡地の再開発を行ったミュンヘンのリームを事例に，リームの現在の状況を社会（人口構成や社会階層），経済（開発後によってできた見本市会場），自然（整備された緑地）との関係から学習する．	①リームの計画の基本について一目でわかるように，要約しなさい． ②地図11を参考に，コンセプトへの取り組みについて示しなさい． ③空港後の空白地の活用に対する代替案を作成し，それを紹介しなさい． ④持続可能な都市のこのコンセプトが成功したものであったかどうかを，確認しなさい． ⑤いくつかの領域で，計画が失敗した理由を挙げなさい．	①リームのロゴ ②リームの1998-2006年の居住者数の発展 ③1991年のミュンヘンリーム空港の空中写真 ④都市計画の目的 ⑤2005年のリームの空中写真 ⑥持続可能な開発に関する文章 ⑦リーム内のショッピングセンターの写真 ⑧賃貸アパートの写真 ⑨テラスハウスの写真 ⑩統合的な居住を示す写真 ⑪2004年のリームの都市計画図 ⑫都市開発の生態に関する文章 ⑬リーム，ミュンヘン，ドイツにおける自動車保有率

2. BW州地理教科書TERRA GWG Geographie-Wirtschaftにみる地理学習とESDの特徴　87

展開	小単元名	学習内容	学習課題	資　　料
事例（再開発）	3. ミュンヘン-リーム：未来の都市？			⑭都市開発の経済に関する文章 ⑮社会的な居住者の構造 ⑯リームとミュンヘンの世帯人員数のグラフ ⑰2005年12月31日時点のリームとミュンヘンの年齢層の構造
事例（持続可能な都市開発の成功例）	4. ハンブルクー港から港都市へ	ハンブルクの港都市(Hafen-City)を中心に，持続可能な都市開発の成功例としてのハンブルクにおける計画的な開発プロジェクトや土地利用構造について学習する．	①機能の概要に関して理由とハンブルク港における活用変化の流れを表しなさい． ②ハンブルクが港都市の建設という点で成功するという目標について，簡単なスピーチによって説明しなさい．インターネットでこれに関する情報を探しなさい． ③港都市とメッセ都市リームは持続可能な都市開発に成功したプロジェクトである．表を用いて2つのコンセプトの内容を評価しなさい．	①エルベフィルハーモニーの完成図 ②2007年の港都市の写真 ③1970年の港の写真 ④ハンブルクの港の地図 ⑤港都市の統計 ⑥港都市の地表開発の状況の図 ⑦ハンブルク市のロゴ ⑧マスタープラン（港都市の利用構造に関する文章） ⑨マスタープラン（持続可能性と生態に関する文章） ⑩ニュースレター（港都市の賃貸料に関する文章）
事例（縮退都市）	5. ホイエルスヴェルダー衰退都市？	旧東ドイツの炭鉱町であったホイエルスヴェルダを事例に，人口減少と都市の衰退，都市再編の理解を通じて，都市の空洞化の理論を学習する．	①ホイエルスヴェルダにおける人口減少の原因と影響を調べなさい． ②「ホイエルスヴェルダー掘り上がりにおける縮退都市」この内容を説明しなさい． ③1950年以来ヨーロッパの都市が衰退している理由を答えなさい． ④増加する富は，郊外化をもたらしている．理由を述べなさい． ⑤空き家スパイラルをホイエルスヴェルダの事例にあてはめなさい． ⑥どのような経済的結果が，「高い構造転換の必要性をもった地域」としての地域を際立たせることになるか，説明しなさい． ⑦郊外化はなぜ，ドイツにおいては空間的に効果的な都市開発プロセスなのか，説明しなさい． ⑧衰退する地域では，老朽化が進んでいる．理由を述べなさい． ⑨ゲルリッツのような縮退都市における年金生活者の流入がもたらすメリットとデメリットをリストアップしなさい．	①ホイエルスヴェルダの旧・新市街の地図 ②ホイエルスヴェルダの居住者の発展に関する数字 ③週刊新聞の付録記事（ホイエルスヴェルダー衰退都市に関する文章） ④1990と2004年におけるホイエルスヴェルダの人口ピラミッド ⑤市民参加の都市再開発に関する記事 ⑥ホイエルスヴェルダの新市街の写真 ⑦ホイエルスヴェルダの都市開発構想に関する記事 ⑧ホイエルスヴェルダの新築住宅の写真 ⑨空き家スパイラルの図 ⑩衰退都市の欠点に関する新聞記事 ⑪「衰退」の概念に関する定義 ⑫報道記事（西ドイツの年金生活者の隠居所としてのゲルリッツ） ⑬2007年のゲルリッツのグリューナーグラーベン（地区名）の写真

88　第 5 章　バーデン = ヴュルテンベルク州における ESD と地理学習

展開	小単元名	学習内容	学　習　課　題	資　料
学習内容の定着	6. トレーニング	大きく4つのカテゴリーの問題（場所に関する確認，理解，知識の転移，評価）から構成され，本単元の学習成果の定着を図る．	①縮退都市の現象がとりわけ頻繁に起こっている地域，このプロセスがない地域を挙げなさい． ②概念を確認する． 　a) 空き地のある都市　b) 建築用地の面積に関係のある建築階の面積　c) 高密度の国際的な意義のある空間計画統一　d) 建物と都市区の取り壊し　e) 持続可能な開発に向けた義務のある行動計画 ③図②（持続可能な都市開発のモデル）を説明しなさい． ④なぜ「縮退都市」は，たいてい「空洞化する都市」になるのか． ⑤正解それとも間違い？以下の内容に関して，一部だけが正しい．慎重にその内容を確認し，君が「間違っている」と判断したところを訂正しなさい． 　a) 都市はたいてい外から内に向かって衰退する．b) 中級山岳地帯では，多くの村落が消滅する恐れがある．c) 都市開発の持続可能性は，ある都市区におけるさまざまな同年齢グループが同じ場所に現れる．d) 都市の周辺にある戸建て住宅団地は，持続可能性の理想に適している．e) 縮退都市はドイツ東部にしかない．f) 持続可能性は，居住，仕事，供給と休養が共存しているなかに現れる． ⑥図③は今日の典型的な都市モデルを示している．大都市の構造におけるコンパクトシティの「持続可能な市区」のモデルを同じシンボルを用いて描きなさい． ⑦図③：都市の交通問題を説明し，それに対して「持続可能な都市」の理想像がどのように対応するかを説明しなさい． ⑧イラスト⑥は，19世紀末に創造された都市計画である田園都市モデルを示している．この構想が持続可能な都市のコンセプトを先取りしているかどうか確認しなさい． ⑨パネル建築の未来　パネル建築の活用のための以下の提案は新聞に掲載されたものである．その意義と活用について議論しなさい．a) 豪華な組み立て　b) 戸建て用の建築用石材の活用　c) 実験的で，ファンタジーあふれる改築のための活用，例えばメゾネット　d) コンクリートを少なくする　e) 技術的な仕掛けのある家具調度を整える．f) 部材の売却，例えばオランダのサイロやハンガリーの住宅用建物 ⑩持続可能な住宅開発に関して，団地建設におけるコンクリート住宅と庭付きの戸建て住宅を比較し，評価しなさい． ⑪持続可能な都市の理想像の観点から，写真④のショッピングモールを評価しなさい．	①世界の縮小する都市の分布地図 ②持続可能な都市開発のモデル図 ③今日の都市のモデル図 ④マドリードのショッピングシティーの写真 ⑤ドイツにおける1,000人当たりの自家用車保有数・率のグラフ ⑥ハワードの田園都市のモデル図

BW 州 *TERRA* の単元「持続可能な都市開発」より筆者作成

では，小単元において「持続可能な森林利用」のような具体的な事例をもとに持続可能な行動に関する学習をする。「サバンナ」，「持続可能な都市開発」では，持続可能なトライアングルの図が提示され，3観点（環境，経済，社会）のバランスについて学習する[6]。BW州 *TERRA* では，持続可能な開発に関して学ぶ単元が設定されるとともに，これらの単元のなかでも異なる学習アプローチが採用され，具体的な持続可能な行動策やその方法を理解する単元と，環境，経済，社会・文化の3観点から持続可能な開発という原則を理解したうえで，具体的な事例にあてはめて考えるという単元に分けることができる。

(2) 単元「持続可能な都市開発」におけるESDの学習

本節ではBW州 *TERRA* の単元から，5/6巻に収録される「持続可能な開発」を取り上げ，地理学習におけるESDの観点について検討する。本単元を取り上げる理由として2点ある。1点目は，本単元は環境，経済，社会の3観点から持続可能な開発という原則を理解，具体的な事例にあてはめて考えるという単元であり，単なる持続可能な行動策やその方法を理解するにとどまらないからである。2点目は，都市化に関する「持続可能な都市開発」というテーマが *UNDESD-IIS* が示す持続可能な開発にかかわる諸問題の1つであり（表5-5），*UNDESD-IIS* において環境，経済，社会の3観点が複雑にかかわるテーマとして示されているためである。

本単元は，4つの異なる都市開発事例（コンパクトシティ，再開発，持続可能な都市開発の成功例，縮退都市）を扱う小単元（1, 3, 4, 5），持続可能な都市開発に関するアンケート調査方法を学ぶ小単元（2），学習内容の定着を図るトレーニング（6）の3つの部分，合計6つの小単元から構成されている（表5-6）。トレーニングを除く全小単元の見開きの構成は，本文と資料，学習課題からなる。この学習課題に関しては山本（2014b）が指摘するように，PISAショックを契機にカリキュラムがコンピテンシー指向に転換する中で，コンピテンシー獲得を意図して設定されたものである。

本単元の重要概念として「アジェンダ21」，「持続可能な開発」，「利用

構造（Nutzungsstruktur）」，「空洞化する都市（perforierte Stadt）」，「衰退都市（schrumpfende Stadt）」，「都市再編（Stadtumbau）」が設定されている（Obermann u.a., 2007：66）。「アジェンダ21」は小単元1において，「持続可能な開発」はすべての小単元において，「利用構造」は小単元4,「衰退都市」と「都市再編」は小単元5において学習する概念である。

　表5-6から，「持続可能な都市開発」を視点としたESDの学習の特徴として2点ある。

　1つ目が，ドイツの地域スケールの事例（課題）を通じて，持続可能な開発に関する地球規模の諸問題にアプローチしている点である。「地球的視野で考え，身近なところで実践する」という考えの下で，「持続可能な都市開発」という課題を掲げ，「テュービンゲンのFranzösische Viertel」，「ミュンヘンのリーム」，「ハンブルクの港湾市」，「旧東ドイツのホイエルスヴェルダ」の4つの事例を扱う展開になっている。

　2つ目が，環境，経済，社会の3観点から事例を分析することが求められている点である。この点は小単元2と3において，強く表れている。小単元2では，資料①として「持続可能な都市開発モデル」が示され，これを参考に調査を実施することが学習課題として提示されている。小単元3においては，都市開発後の生態・自然（資料⑫，⑬），経済（⑭），社会（資料⑮，⑯）に関する資料が示され，持続可能な都市開発の構想が成功かどうかを確認する学習課題が設定されている。つまり持続可能な開発の原則から，空間（地域や問題）を分析し，評価できる能力の育成が意図されている。

3. バーデン=ヴュルテンベルク州地理カリキュラムおよび学習の特質

　BW州の地理学習は，『教育プラン2004』が導入されたことをきっかけに誕生した統合教科GWGの1分野として位置づけられていた。そのため，地理学習は，GWGの目標を達成するための1分野であり，地理固有の学習内容だけでなく，5～7学年にかけては経済分野の目標や経済的な学習内容の一部を地

理学習が担っていた．

　ESD の視点から BW 州における地理教育および地理学習の特質をみた場合，以下の 2 点がある．

　1 点目は，GWG 全体で ESD が意識されている点である．地理分野だけでなく，GWG 全体で持続可能な開発の概念が意識されており，経済や共同社会の分野においても取り組むべき課題として位置づけられていた．

　2 点目は，ESD に関連する地球的課題に関するテーマ領域は，7/8 学年以降に設定されており，問題の認識だけにとどまらず，各テーマに関連した持続可能な解決策に関して議論する，あるいは論じるコンピテンシーの育成が目指されている点である．単元「持続可能な都市開発」では，持続可能な都市開発の構想が成功かどうかを確認する学習課題を通じて，持続可能な開発の原則から，空間を分析し，評価できるコンピテンシーの育成が意図されていた．

（注）
(1) 『教育プラン 2004』では，5/6 学年のテーマ領域「ヨーロッパにおける自然，生活，経済空間」ならびに 7/8 学年のテーマ領域「1 つの地球－1 つの世界」が経済分野と関係性があることが提示されている（Ministerium für Kultus, Jugend und Sport Baden-Württemberg, 2004：240-241）．
(2) ベルリン市では 2004 年以降，教科書検定制度を廃止しているが，廃止以降もカリキュラムに対応した教科書構成となっている（山本，2014b）．
(3) BW 州における教科書検定の詳細は，BW 州教育省のウェブサイトで公開されている．
　http://www.kultusportal-bw.de/,Lde/Startseite/schulebw/Lehr_+und+Lernmittel
　（2016 年 1 月 9 日閲覧）
(4) BW 州 *TERRA* は，4 巻を通じて編者（H.Obermann）は変わらないものの，執筆者は巻ごとに変化がある．
(5) 1 巻の「自分の位置を知る」や「私たちの町の交通－プロジェクト」は「教科特有の方法コンピテンシー」に対応している．また 3/4 巻の「多様な文化空間における生活と仕事」に関しては，『教育プラン 2004』において他の民族の文化や経済についての学習をし，民族の等価を認め，寛容や責任感を養う（Ministerium für Kultus, Jugend und Sport Baden-Württemberg, 2004：238）と示されていることから，『教

育プラン 2004』に対応した学習内容であると考えられる.
(6) 例えば 3/4 巻の単元「サバンナ」の小単元「マサイ族の土地」(Obermann, 2005：71) では，教科書本文や地図を手がかりに，マサイ族の生活様式や土地の活用が，持続可能な開発の3観点（環境，経済，社会・文化）のどれに該当するかを分類する学習課題が提示されている.

第6章　ニーダーザクセン州における地理学習とESD

　ニーダーザクセン州（Niedersachsen，以下NI州とする）の前期中等教育ギムナジウム[(1)]は，第4章で述べたように『ドイツ地理教育スタンダード』の影響を強く受けた地理カリキュラムを用いている。

　本章では，NI州の地理カリキュラムおよびそれにもとづく地理教科書の分析から，NI州におけるESDの視点を入れた地理カリキュラムおよび地理学習の構造ならびに特質を明らかにする。

1. ニーダーザクセン州『コアカリキュラム2015』の構造

　本節では，Niedersächsisches Kultusministerium（2015）が作成[(2)]した『コアカリキュラム2015（*Kerncurriculum für das Gymnasium Schuljahrgänge 5-10 Erdkunde*）』の記述およびコンピテンシーを分析し，ESDがカリキュラム中にどのように位置づけられているかについて検討する。

(1) ニーダーザクセン州地理教育の目標とESDとの接点
①ニーダーザクセン州地理教育の目標

　NI州前期中等教育ギムナジウムにおける地理は，ほかの社会系教科である歴史科（Geschichte），政治・経済科（Politik-Wirtschaft）と同様に，独立教科である地理科（Erdkunde）として教授されている。

　地理の目標について『コアカリキュラム2015』では，「空間に責任をもった行動の成長（Entwicklung raumverantwortlichen Handels）」を掲げている（Niedersächsisches Kultusministerium, 2015：3）。この目標は『コアカリキュラム2015』の旧版にあたるNiedersächsisches Kultusministerium（2008）の『コア

カリキュラム 2008』においても掲げられており，また IGU-CGE の「地理教育国際憲章」，およびこれまでのドイツ国内のカリキュラムやスタンダード等が示す目標と一致する。

「空間に責任をもった行動」には，これまでのドイツ国内のカリキュラムやスタンダード等の動向を踏まえると，①自然環境および社会活動の関係に着目しながらシステムとしての空間を理解すること，②その空間の理解を踏まえて新たな空間を構築，形成すること，の2点が含まれている [3]。

②ESDに対する地理教育の貢献およびつながり

『コアカリキュラム 2015』では，地理教育・学習の ESD への貢献およびつながりが，『ドイツ地理教育スタンダード』や旧版の『コアカリキュラム 2008』よりも具体的に示されている。

地理が ESD に取り組む利点としては「持続可能ではないプロセス・構造・生活様式を認識，将来を形作ることへの参加を可能にする能力を強化する」（Niedersächsisches Kultusministerium, 2015：6）と示され，地理の目標との関連性をみることができる。また，「ESD アプローチも学習領域『グローバル開発』も 5 〜 10 学年の授業に導入されている」（Niedersächsisches Kultusministerium, 2015：6）とあるように，特定の学年ではなく前期中等教育全体で取り組むことが明記されている。

（2）コンピテンシー領域および学習内容
①『コアカリキュラム 2015』におけるコンピテンシー領域

『ドイツ地理教育スタンダード』では，中等教育修了時点において獲得すべきコンピテンシーおよびそのスタンダードを示しており，『コアカリキュラム 2015』においてもコンピテンシー領域およびスタンダードが設定されている。『コアカリキュラム 2015』では，5 つのコンピテンシー領域およびそのスタンダードが設定され，5 領域が密接に関連しあうことで，「空間に責任をもった行動」の育成が達成される（Niedersächsisches Kultusministerium, 2015：8）と示されている [4]。5 つのコンピテンシー領域はそれぞれ「専

1. ニーダーザクセン州『コアカリキュラム2015』の構造

	コンピテンシー領域	中心コンピテンシー	
内容関連コンピテンシー	専門知識	さまざまな性質およびスケールの空間を自然的および人文地理的システムとして理解し，人間および自然の相互関係を分析する能力	空間に責任をもった行動
	空間定位	空間で自己の位置を知る能力（地誌的位置関係の知識，空間的順序体系，地図コンピテンシー，現実空間で自己の位置関係を知る能力，空間認知の省察）	
プロセス関連コンピテンシー	方法を通じた認識獲得	地理における認識獲得のための手段を活用し，それらを通じて現実空間やメディアから情報を獲得，理解，ならびに認識獲得のプロセスを批判的に省察する能力	
	コミュニケーション	地理的状況を理解，言語化，プレゼンテーション，ならびに会話においてそれらを，事実および状況に即して論じあう能力	
	判断および評価	空間に関連した状況および問題，ならびにメディアにおける情報および地理的認識を批判志向的に判断および評価する能力	

図6-1　コンピテンシー領域および中心コンピテンシー
Niedersächsisches Kultusministerium（2015：9）を筆者邦訳

門知識（Fachwissen）」，「空間定位（Räumliche Orientierung）」，「方法を通じた認識獲得（Erkenntnisgewinnung durch Methoden）」，「コミュニケーション（Kommunikation）」，および「判断および評価（Beurteilung und Bewertung）」である。また『ドイツ地理教育スタンダード』では，これらに「行動（Handlung）」を加えた6つのコンピテンシー領域が設定されている。コンピテンシー領域「行動」は，6つのコンピテンシー領域の中で最上位のものであり，地理授業の主目標に直接結びつくものである（Hoffmann, 2013）。『コアカリキュラム2015』では，コンピテンシー領域「行動」は設定されていない。しかしながらHoffmannが指摘するように，教科目標である「空間に責任をもった行動」の中に組み込まれていると考えられる。

図6-1は，地理の目標および5つのコンピテンシー領域の関連を示している。

5つのコンピテンシー領域は，内容関連コンピテンシー（専門知識，空間定位，方法を通じた認識獲得）およびプロセス関連コンピテンシー（空間定位，方法を通じた認識獲得，コミュニケーション，判断および評価）に分かれている（図6-1）。内容関連コンピテンシーは2学年ごとに設定された学習内容を規定するものであり，プロセス関連コンピテンシーは，内容関連コンピテンシーをどの

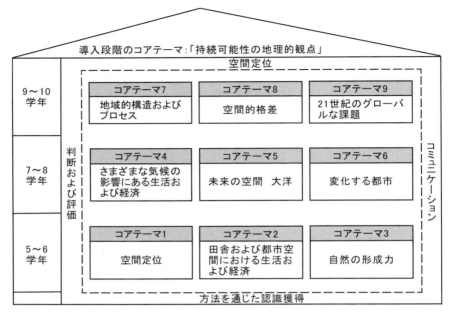

図 6-2 地理のテーマハウス
Niedersächsisches Kultusministerium（2015：14）を筆者邦訳

ように獲得するかを示すものである。『コアカリキュラム 2015』によれば，「認識の獲得は方法を，認識の確保はコミュニケーションを，認識の深化は判断および評価を通じて行われる」（Niedersächsisches Kultusministerium, 2015：8）。

②コンピテンシーと学習内容との結びつき

プロセス関連コンピテンシーは，内容関連コンピテンシーと結びつくことで獲得される（Niedersächsisches Kultusministerium, 2015：14）。『コアカリキュラム 2015』では，学習において，私たちの生活と社会を特徴づける自然ならびに人間活動の相互作用から生じる地理的事象またはプロセスを扱うことを求めている。図 6-2 は，学習内容を規定するコアテーマ（Kernthemen）を示している。

学習内容を規定するコアテーマは 2 学年ごとに 3 つ示され，前期中等教育全体で 9 つ示されている。『コアカリキュラム 2015』によると，この 9 つのコアテーマは，専門性および生活環境に関する視点から年齢に応じた知識構築の基

礎を表している（Niedersächsisches Kultusministerium, 2015：20）。そのため，「近くから遠くへ（vom Nahen zum Fernen）」「簡単なものから複雑なものへ（vom Einfachen zum Komplexen）」という原則（Niedersächsisches Kultusministerium, 2015：9）から，学習する事象および空間スケールが選択される。

また，図6-2における9つのコアテーマが示された部分は前期中等教育を指し，その上に位置づく「導入段階（Einführungsphase）のコアテーマ：持続可能性の地理的視点 Geografische Aspekte der Nachhaltigkeit」は，後期中等教育（Sekundarstufe Ⅱ /Oberstufe）の導入段階を示している。この図は，前期中等教育における9つのコアテーマが基礎となり，後期中等教育の導入段階におけるコアテーマに接続することが示している。

(3) 学習内容へのアプローチおよび方法
①系統地理的アプローチおよび地域地理的アプローチ

『コアカリキュラム2015』では，2つのアプローチ「系統地理的アプローチ（allgemeingeographischer Ansatz)」，および空間定位を含む「地域地理的アプローチ（regionalgeographischer Ansatz)」が示されている（図6-3）。地理授業では生徒が，選択された空間事例における相互作用を認識，その結果としての構造，プロセス，問題を理解し，解決策を発見する可能性を獲得する（Niedersächsisches Kultusministerium, 2015：5）。

「系統地理的アプローチ」は，図6-3に示すように，さまざまな空間スケールにおけるシステム思考および問題解決を促進するためのアプローチであり，それを支えるために2つのシステム「地球システム（自然地理を含む）」と「社会システム（人文地理を含む）」の理解が求められている。また，生徒が第10学年修了時に地理的一般教養のための身近な空間から地球規模の空間までの「世界像（Weltbild）」を獲得するべきである，と『コアカリキュラム2015』では提示されている（Niedersächsisches Kultusministerium, 2015：10）。

「地域地理的アプローチ」は，特定の場所固有の知識や多様なスケールにおける郷土意識ならびに市民意識を成長させるためのアプローチであり，それを

図 6-3　系統地理的アプローチおよび地域地理的アプローチ
Niedersächsisches Kultusministerium（2015：5）より筆者作成

支援するための 4 つの異なる空間の観察方法（空間概念）が提示されている。つまり NI 州では，系統地理的アプローチおよび地域地理的アプローチにもとづいて，選択された空間が学習されている。

②学習方法および手法

『コアカリキュラム 2015』では，具体的な学習方法・手法は示されていないものの，方法コンピテンシーに関する記述において，「地理的問いの設定，情報の収集，情報の評価，および認識獲得の省察」に関するコンピテンシーが設定されていることから，探究あるいは問題解決型の学習方法が想定されている。また，学習過程では，地図帳や GIS といった地理的メディアを活用することも示されている（Niedersächsisches Kultusministerium, 2015：12）。

さらに『カリキュラム 2015』では，学習におけるコンピテンシー獲得を保障するために，学習活動に関する 3 つの要求領域（Anforderungsbereich，AFB）が設定されている[5]。表 6-1 は，学習活動の概要および事例となる活動を整理したものである。この要求領域は，学習活動における質およびアプローチ方法の違いを明確化させるとともに，学習および生徒の到達度を評価するための指標という役割がある。

1. ニーダーザクセン州『コアカリキュラム2015』の構造　99

表6-1　学習活動に関する3つの要求領域の概要

要求領域	学習活動の概要	事例となる活動
I	既習の言語表現・行動方法に関連した内容の再生産，再編成に関する活動	挙げる，記述する，表現する，区分する，伝える，要約する
II	既習の専門的内容の説明，取り扱い，整理，そして既習の内容，方法，行動を他の状況へ適切に応用する活動	分析する，特徴づける，分類する，説明する，比較する
III	問題等に対する判断および評価の根拠を示す活動	根拠づける，判断する，解決策を述べる，立場を明確化する

Niedersächsisches Kultusministerium（2015：30）より筆者作成

学年		プロセス志向（重点）	優先される観察方法と教授方法	コアテーマ	
				空間定位	
5～6学年	判断および評価	空間認知 空間知識	人相学的記述 （AFB I）	基礎的な人間－空間関係	空間定位
					田舎および都市空間における生活および経済
				自然条件による空間特徴	自然の形成力
7～8学年		空間説明 空間理解	因果関係の記述，説明 （AFB IおよびII）	自然条件による空間特徴	さまざまな気候の影響にある生活および経済
				空間の形成	未来の空間　大洋
					変化する都市
9～10学年		空間評価 空間自覚 空間責任	機能的な説明，判断，評価 （AFB IIおよびIII）	複雑な人間－空間関係	地域的構造およびプロセス
					空間格差
				空間発展	21世紀のグローバルな課題
		方法を通じた認識獲得			コミュニケーション

図6-4　空間に責任をもった行動のための方法
Niedersächsisches Kultusministerium（2015：10）を筆者邦訳

（4）空間に責任をもった行動を育成するための学習プロセス

　図6-4は目標，コンピテンシー・内容，および方法の関係を示したものである。『コアカリキュラム2015』では，「コンピテンシーの発展は，プロセス志向に一致する学習状況において目指される」（Niedersächsisches Kultusministerium, 2015：9）と示され，2学年ごとに設定されたプロセス志向（5～6学年：空間知覚・知識，7～8学年：空間説明・理解，9～10学年：空間評価・自覚・責任）に対応する学習を通じて，『コアカリキュラム2015』が設定するコンピテンシー

の獲得を目指す。同時に，プロセス志向に対応したコアテーマおよび要求領域が，2学年ごとに設定されている。

5～6学年では，基本的な人間－空間関係および自然条件による空間特徴をコアテーマとして，学習事例となる空間およびその空間内での事象の特徴を記述したり，事象固有の名称を挙げたりしながら，空間を知覚する，または空間を知ることに学習の焦点が置かれている。7～8学年では，自然条件による空間特徴および空間の形成をコアテーマとして，空間を構成する背景および原因を分析したり，関係する概念および理論を説明したりすることを通して，現在の空間を説明およびわかることが中心となる。9～10学年では，複雑な人間－空間関係および空間発展をコアテーマに，現在および将来の空間のあり方，あるいは発展の方向性を議論したり，個々の立場を明確化したりする学習を通して，空間を評価する，または空間をつくることが学習の中心となる。

2. ニーダーザクセン州地理教科書 TERRA Erdkunde にみる ESDの視点を入れた地理学習の構造

(1) ニーダーザクセン州地理教科書 TERRA Erdkunde の全体構成

Haberlag und Wagemer（2015-2016）のNI州地理教科書 TERRA Erdkunde（以下，NI州 TERRA とする）は，全3巻から構成され，合計19の単元が収録されている（表6-2）。また，教科書の各単元と図6-2に掲載の『コアカリキュラム2015』のコアテーマとの対応関係は，表6-2に示す通りである。

持続可能性および持続可能な開発もしくは持続可能な○○な，といったESDに関する内容を直接扱う単元としては，2巻「さまざまな気候帯および植生帯での生活（Leben in verschiedenen Klima- und Vegetationszonen）」および「都市（Die Stadt）」，3巻「ドイツおよびヨーロッパにおける格差（Disparitäten in Deutschland und Europa）」および「アメリカ合衆国（USA）」，そして「1つの世界？（Eine Welt?）」の合計5つの単元が該当する（表6-2の網掛け部分）。これら5つの単元のうち，ESDに関する学習プロセスが異なり，ESDの学習が顕著に表れている3つの（小）単元を取り上げ，地理学習におけるESDの扱い方に

2. NI州地理教科書 TERRA Erdkunde にみる ESD の視点を入れた地理学習の構造　101

表6-2　NI州 *TERRA* の全体構成

巻	単　　元	小単元数	対応する コアテーマ
1. (5〜6 学年)	私たちの惑星　地球	8	1
	自分の場所を知る	12	1
	工事中の地球	18	3
	私たちはどこでどんな生活をするの	14	2
	農村空間における経済	19	2
	都市空間における経済	13	2
	内的要素	13	3
2. (7〜8 学年)	私たちの地球－青い奇跡	14	4
	さまざまな気候帯および植生帯での生活	16	4
	大洋－単なる海ではない	17	5
	都市	10	6
	異文化空間での都市	9	6
3. (9〜10 学年)	ドイツおよびヨーロッパにおける格差	15	7
	アメリカ合衆国	14	7
	ボツワナ	13	8
	中国およびインド－追い越し車線上の2カ国	22	8
	1つの世界？	8	9
	地球規模の課題	18	9
	グローバル化	15	9

注1：作成にあたり単元「付録」は除外した．
注2：コアテーマは図6-2に対応する．
NI州 *TERRA* より筆者作成

ついて述べる。

(2) 7〜8学年：小単元「原生林から森林まで」

①小単元の展開

ここでは，単元「さまざまな気候帯および植生帯での生活」の小単元「原生林から森林まで（Vom Urwald zum Forst）」を取り上げる。同小単元は，学習対象である森林を「人間（開墾者・林業従事者）－空間（森林）」関係からとらえ，ドイツにおける人々の定住による森林の減少および保全に関する歴史を理解する小単元である。

②教授過程にみる ESD の視点

本小単元は，ドイツにおける持続可能性の起源を学習するものである。
18世紀末における森林の過剰な伐採をきっかけに，持続可能性の概念が生

102　第6章　ニーダーザクセン州における地理学習とESD

表6-3　単元「都市」の単元の展開

展開	小単元名	学習内容	学習課題	資料
都市の成立および成長過程の把握	都市の歴史および都市人口	1. 都市の発生	都市の立地条件，都市特権，都市および農村の雰囲気の違い	①中世につくられた都市の場所を挙げなさい．（Ⅰ） ②なぜ中世にそれほど多くの都市が発生したのか，説明しなさい．（Ⅱ） ③中世に大都市が少なかったと考えられる理由を説明しなさい．（Ⅱ） ④都市圏の重要性を特徴づけなさい．資料3をもとに作業をしなさい．（Ⅱ） ⑤都市の場所が都市名の理由でなければならない3つの事例を説明しなさい．（Ⅱ）	イラスト（さまざまな居住地，1654年のリューネブルクの都市），表（14世紀におけるドイツ国内の大都市の人口，14世紀におけるヨーロッパの大都市の人口），ゲッティンゲンの市章
		2. 都市の拡大	中世後期（14～15世紀）以降の都市の拡大，拡大に伴う交通の発達	①都市の絵2, 3, 6, 7: a）都市の絵を描写しなさい．b）その際，重要な発展を特徴づけなさい．（Ⅰ） ②さまざまな世紀における都市発達の特徴を表にしなさい． ③君の近くにある都市の発展を調査しなさい．a）テキストにある図とそれを比較しなさい．b）その都市発展の時間的概要を作成しなさい．（Ⅱ）	表（都市の時代別人口数：ブラウンシュヴァイク，リューネブルク，ハノーファー），各時代の都市のイラスト
現在の都市空間を規定する原因および背景の認識	都市モデル・機能	3. 西および中央ヨーロッパの都市モデル	西および中央ヨーロッパにおける都市の発達モデルおよび都市機能の配置	①図1にもとづいて，西および中央ヨーロッパの都市の発達段階を特徴づけなさい． ②中世，19世紀，今日の都市を居住状況，交通状況および産業状況の視点から比較しなさい．（Ⅱ） ③今日の都市モデルから，さまざまな居住地区，産業地区および工業地区の位置関係を分析しなさい．その際，つながりを指摘しなさい．（Ⅱ） ④君たちのいる場所または近くの都市を調査しなさい．さまざまな都市発達段階の根拠を書き留めなさい．	西および中央ヨーロッパにおける都市発達の系譜図，都市モデル図（中世, 19世紀, 現代）
	郊外化および都市計画	4. さらに拡大するハンブルク	貿易（ハンザ同盟）によるハンブルク港を中心とした都市発達，ハンブルクの拡大とそれに伴う人口増加	①ハンブルクの都市発展の段階を区分しなさい．（Ⅰ） ②ハンブルクの都市の絵を描写しなさい．（Ⅰ） ③都市発展のためのハンブルク港の重要性を説明しなさい．（Ⅲ） ④ハンザ同盟の中でのハンブルクの重要性に関するミニ発表をしなさい．	スケッチ（1750年のハンブルク），都市平面図（1500年頃のハンブルク），地図（ハンザ同盟，都市部とハンブルク州），グラフ（ハンブルクの人口発展），写真（ハンブルクを示す標識と旗）
		5. ハンブルクにおける都市計画	ハンブルクの郊外化に伴う周辺の州との協同の都市開発，ハンブルク都市開発の目標（開発視点）	①都市の特徴を挙げなさい．（Ⅰ） ②居住と仕事との機能的分離から生じる問題をハンブルクを事例に表しなさい．（Ⅰ） ③地図4を分析しなさい．（Ⅱ） ④ハンブルクのさらなる発展のためのその目標が基本的なものかどうか，そしてどの程度までであるかというハンブルクの都市開発の重点の1つに対して立場を明らかにしなさい．（Ⅲ） ⑤インターネット調査にならって，「ハーフェンシティー」の広告ポスターを作成しなさい．	写真（ハンブルクの都市内部，ハーフェンシティーにおける建替えられた倉庫），表（ハンブルクおよびその周辺部の：通勤者数，用途別土地利用面積数，年代別居住者数），地図（ハンブルクおよびその周辺部における開発モデル）

2. NI州地理教科書 TERRA Erdkunde にみる ESD の視点を入れた地理学習の構造

展開	小単元名	学習内容	学習課題	資　料
現在の都市空間を規定する原因および背景の認識	都市の衰退の仕組み	6. 衰退都市	ハルツにおける都市の盛衰，都市の衰退理論（都市の空洞化スパイラル），都市の衰退がドイツだけでなく各都市にある視点と合わせての独自の行動戦略を実施する必要性	①西ハルツの経済立地を特徴づけなさい．（Ⅱ） ②西ハルツにおいて人々がひどいイメージとも戦わなければならないかどうか，そしてどの程度かについての立場を明らかにしなさい．（Ⅲ） ③地図10を手がかりに，ドイツにおける衰退地域を挙げなさい．（Ⅰ） ④8の都市の空洞化スパイラルにもとづいて，該当都市およびその居住者に対する衰退プロセスの一連の問題を説明しなさい．（Ⅱ） ⑤都市計画を通じて衰退都市の魅力を再び高められる簡単な行動戦略を述べなさい．（Ⅱ） ⑥衰退プロセスから生じるデュースブルクの危険性を評価しなさい．（Ⅲ）	写真（ザンクト・アンドレアスベルクの都市内部，プールの取り壊しの様子，ハルツに残る鉄道のレール跡），表（年代別人口数：ザンクト・アンドレアスブルク，デュースブルク），概観スケッチ（ハルツ地方），地図（国内の拡大・衰退都市の分布），記事（都市の衰退に関する読者投書，都市衰退に関する雑誌記事，衰退に伴う欠損を報じる新聞記事），ウェブ（ホテルの閉鎖のお知らせページ），モデル図（都市の空洞化スパイラル）
新たに都市空間を形成する視点および価値観の獲得	持続可能な都市開発の構想	7. 持続可能な都市開発	持続可能な都市開発の行動領域，かつての兵営地の再活用の際における持続可能性，電気交通の取り組み	①持続可能な都市開発の構想を記述しなさい．（Ⅰ） ②行動領域の戦略と，君の故郷もしくは隣町における対策とを比較しなさい．（Ⅱ） ③かつての兵営地の再活用の際の持続可能な側面を説明しなさい．（Ⅱ） ④将来においてどのような重要性が，持続可能な交通計画において認められるだろうか，評価しなさい．（Ⅲ）	写真（電気自動車のスタンド），イラスト（持続可能都市開発の行動領域，市民の持続可能な都市開発への参加を促すライプツィヒの都市計画），記事（持続可能な都市開発の行動領域，かつての兵営地の再活用の際の持続可能性を示すニュースレターの記事，トリアーにおける電気交通の取り組みを報告するネット記事）
	都市構想の方法	8. 未来の作業場：これからぼくらみんなの夢のために（方法）	都市構想の方法	なし	写真（レゴでつくられた都市モデル），イラスト（将来の都市の姿），フローチャート図（都市構想の方法）
	未来都市の実現可能性の吟味	9. 君のために（作業テーマ）	さまざまな未来都市に関する批判的検討	選択課題：未来都市を1つ選び，それに対する以下の課題に取り組みなさい． ①この構想の利点および欠点を挙げなさい． ②構想の際に，都市計画者が考慮した点を説明しなさい． ③この未来都市の実現見通しを評価しなさい．	

注1：学習課題の（Ⅰ，Ⅱ，Ⅲ）は表6-1に対応する．
注2：作成にあたり小単元「10. トレーニング」は除外した．
NI州 *TERRA* の単元「都市」より筆者作成

じたことが本文中に示されるとともに,「持続可能性という概念およびそこに含まれる原則が,今日の生活においてみることができる事例を挙げなさい。」という学習課題が設定されている。このように,ドイツにおける持続可能性に関する独自の視点を学ぶとともに,学習者の生活あるいは周りの事象から,持続可能性を見出す,あるいは結びつける ESD の学習を展開している。

(3) 7～8学年：単元「都市」
①単元の展開

単元「都市」は,学習対象である都市を「人間（都市居住者・都市計画者）－空間（過去・現在・未来都市）」関係からとらえ,都市の成長および衰退に関する認識,都市開発に関する持続可能性の価値観の判断および評価,都市計画の方法の獲得を目指す単元である。表6-3は単元の展開である。同単元は,9つの小単元から構成され,9つの小単元は大きく3つの学習過程に分けることができる。

小単元1および2では,都市の成立および成長過程について把握する。中世に都市が発生した場所を挙げたり,その理由を説明したりするとともに,各年代の都市の特徴を表でまとめたりするなど,都市の歴史および都市人口を視点に学習が展開する。

小単元3から6では,現在の都市空間を規定する原因および背景を認識する。小単元3では,さまざまな時代の都市モデル図を用いて,都市の発達段階を特徴づけたり,都市内の機能（居住,産業,および交通）等を説明したりする課題を通じて,都市モデル・機能について学習する。小単元4および5では,ハンブルクにおける都市の成長過程を事例に,港の機能およびハンザ同盟の視点から,拡大に伴い生じる問題をまとめたり,開発目標を評価したりする課題を通して,都市の郊外化,ならびにそれに伴う都市計画について学習する。小単元6では,ハルツ地方の都市を事例に,地域の衰退の過程,ドイツ全土における衰退地域の把握,都市の空洞化（スパイラルモデル）の説明を通して,都市の衰退の仕組みを学習する。

小単元7から9では，新たに都市空間を形成する視点および価値観を獲得する。小単元7では，持続可能な都市開発の構想を記述したり，実際の再開発を持続可能性の側面から説明したりする課題などを通じて，持続可能な都市開発の概念について学習する。小単元8は，学習の方法（学び方）を学ぶ小単元であり，新たな都市を構想する際の手順ならびに視点，および提案方法を学習する。

小単元9は，選択課題に取り組む単元であり，4つの異なる未来都市モデル（空中都市，地下都市，宇宙にある都市，海上を移動する都市）から1つを選び，欠点および利点，都市計画者が考慮した点，実現可能性の視点から都市モデルを判断および評価する。

②教授過程にみるESDの視点

本単元は，持続可能性および持続可能な開発に関する領域の中でも，都市に焦点をあてた「持続可能な都市開発」について学習するものである。

ESDの視点は，とりわけ小単元5から9にかけてみることができる。5では，ハンブルクの都市開発における持続可能性の視点，6ではハルツ地方における持続可能ではない都市の状況の把握を通じて，持続可能性および持続可能な開発と都市開発との接点および問題について把握する。7では，持続可能な都市開発の考え方および構想について理解する。8は，方法論に関する小単元で，持続可能な都市に向けた思考方法（チャート図）の育成を目指す。最後の9では，未来都市の検討から，持続可能な都市開発に関する判断および評価をさせるものである。つまり，持続可能ではない都市の現状の把握，解決視点としての持続可能な都市開発の理解，問題解決に向けた方法の獲得，他の事例への応用，という問題解決的な学習展開となっている。

(4) 9～10学年：単元「1つの世界？」
①単元の展開

単元「1つの世界？」は，学習主題となる開発援助・政策を「人間（援助者・被援助者）－空間（先進国，開発途上国・貧困国）」関係からとらえ，現在の

表 6-4 単元「1 つの世界？」の単元の展開

展開		小単元名	学習内容	学習課題	資　料
開発水準の指標の理解・判断および評価	開発水準を示す指標の特性	1. 発展は計測可能？学習課題	さまざまな発展の評価視点（社会的発展および経済的視点），統計の見方（主観および客観）	①君が無意識のうちにどのような特徴で発展途上国を特徴づけるのか，記述しなさい． ②ある国の開発水準を客観的に表す基準を説明しなさい． ③外部の影響もしくは内部の状況によってどの程度の低開発が決定されるかについて，判断しなさい． ④どのくらいの低開発が，該当する人々の生活に影響を与えるか，表しなさい． ⑤君が重要だと思う規準に従って，ある国の開発水準を分類するための方法を述べなさい．	表（第 3 巻で取り上げた国における統計数値：面積，人口，平均寿命，輸出入額等），世界地図（世界銀行による国の階級区分と国連による LDC の分布：2013 年，1,000 人あたりの 5 歳以下での死亡数：2013 年，出生率：2010 年，世界飢餓指数：2013 年，人間開発指数：2012 年，地球幸福度指数：2014 年），記事（開発とは何かについて述べる専門書の文章，発展基準は予測可能かについて述べたウェブ記事）
グローバルな視点からの開発および援助政策の理解・判断および評価	持続可能な開発の歴史および目標	2. 開発援助—もちろん，でもどうやって？	開発援助の方向性の転換，持続可能な開発の目標	①これまでの開発援助および開発協力を記述しなさい．（Ⅰ） ②以下の内容を補いなさい．a) 開発とは……，b) 発展したとは，誰が……」 ③「約束した，でも守られなかった」，グラフ 4 を手がかりに，この内容に対して立場を明らかにしなさい．（Ⅱ） ④ 17 の持続可能な開発目標（SDGs）を評価しなさい．（Ⅲ）	表（地域別 ODA の額），イラスト（開発援助に関するさまざまな方法），グラフ（2013 年の国内総生産の出資分の上位 20 カ国），記事（持続可能な開発の目標を示すウェブ記事）
	開発援助	3. 君のため（作業テーマ）	開発援助方法の批判的検討	選択課題：開発援助は新たに考えられなければならない． ①文章 1 に述べられた批判点を記述しなさい． ②経済学者 Esther Fuflo の主張に対する立場を明確化しなさい． ③ボツワナとブルキナファソに関して：開発援助と 1 人あたりの国民総生産の発展とを比べなさい．選択課題：マイクロクレジット—貧困脱出の方法？ ①マイクロクレジットによる試みを説明しなさい． ②マイクロクレジットの発展を表現しなさい． ③インターネットで「グラミン銀行」を調べなさい． ④マイクロクレジットが貧困脱出の方法になるか否か，またどの程度効果があるかについて，立場を明確化しなさい．	表（ボツワナとブルキナファソの開発援助，国民総生産の発展），記事（本当の援助について述べた新聞，アフリカ支援のあり方を述べたウェブ記事）

2. NI州地理教科書 TERRA Erdkunde にみる ESD の視点を入れた地理学習の構造　107

展開	小単元名	学習内容	学　習　課　題	資　料
ローカルな視点からの具体的な開発および援助政策の理解・判断および評価	食糧援助およびその功罪	4. 食糧援助―良い（悪いこと？	飢餓および食糧援助	①飢餓の原因を挙げなさい．（Ⅰ） ②食糧援助の展開を記述しなさい．（Ⅰ） ③食糧援助に対する賛成・反対の議論について挙げなさい．（Ⅰ） ④「人々に魚を与えることよりも、釣りを教えることのほうが良い」ということに対して、立場を明らかにしなさい．（Ⅲ） ⑤飢餓を解決するための機会を評価しなさい．（Ⅲ） ⑥このページの見出しに関して、賛成・反対のディスカッションをしなさい．	写真（食糧援助の様子），グラフ（1988年からの食糧援助の推移），図（世界の食糧事情改善のための前提条件），記事（私腹を肥やす政治家に関する記事，EU による支援およびソマリアの状況について述べた記事），語句解説（食糧援助プログラム，食糧援助プロジェクト，食糧緊急援助）
	フェアトレードの仕組み	5. ほかにも方法ある？フェアトレード	フェアトレード	①フェアトレード商品の売り上げの展開を記述しなさい．（Ⅰ） ②何がフェアトレードと理解されなければならないか、説明しなさい．（Ⅱ） ③フェアトレードのスマホを買いたいかどうか、理由を挙げなさい．（Ⅲ） ④フェアトレードのスマホのための広告を作成しなさい． ⑤「フェアトレードの製品の購入は、良心の落ち着きに役に立つ」、これに対する立場を明らかにしなさい．（Ⅲ）	写真（フェアトレードのスマホの購入を促すネット広告），図（フェアトレードのマーク，フェアトレードの基本原理），表（フェアトレード製品の売り上げ推移），風刺画（貿易が平等ではないことを示す），記事（フェアトレードによる影響をまとめたウェブ記事，スマートフォンの製造過程に関する記事）
	観光と国内総生産との関係	6. 発展の原動力としての観光業	観光、職業の創出	①国際的な観光について特徴を描写しなさい．（Ⅱ） ②「観光がアフリカに仕事をもたらす」というスローガンを説明しなさい．（Ⅱ） ③選択された国の事例にもとづいて、観光の展開を比較しなさい．（Ⅱ） ④観光業が発展の原動力としての課題を満たすかどうか、そしてどのような点で満たすかということを論じなさい．まずはじめにそれに対する影響構造を作成しなさい．（Ⅲ） ⑤風刺画4の内容に対する立場を明らかにしなさい．（Ⅲ）	写真（妥協のない旅行），表（1995～2030年の地域別旅行者数，2000年と2014年での国内総生産の内の観光業の割合），記事（アフリカの発展のための観光旅行の必要性を述べたウェブ記事），風刺画（物価の安い国に旅行した人が、この国が貧しいままであることを望むことを示す）
特定の国家による行動の影響の判断および評価	中国および BRICS の世界経済・援助への影響	7. 君のために（作業テーマ）	中国による開発援助方法の批判的検討、BRICS の世界経済への影響の検討	選択課題：中国―土地の争奪それとも農業貿易 ①概念「土地の争奪」を説明しなさい． ②なぜ土地の買い手としての中国が現れたのか、説明しなさい． ③中国の行動を評価しなさい．	表（1965～2012年の中国における食糧の増加と土地面積，2000～2011年の土地面積に対する投資の源泉国，投資国・被投資国と農地面積），風刺画（土地が地元の意に反して争奪される様子を示す），記事（中国による海外の農業用地購入に関するウェブ記事）
				選択課題：BRICS―新たなプレイヤーによる世界経済での重要な変化 ① BRICS の人口、経済的発展を比較しなさい． ② BRICS によって世界経済の変化が生じるかどうか、またどの程度のものになるかについて立場を明らかにしなさい．	表（BRICS の人口発展，1人当たりの国民総生産，景気の順位），語句解説（BRICS），記事（BRICS の市場が依然として影響力がないことを述べた新聞記事）

注1：学習課題の（Ⅰ，Ⅱ，Ⅲ）は表6-1に対応する．
注2：作成にあたり小単元「8. トレーニング」は除外した．
NI州 *TERRA* の単元「1つの世界？」より筆者作成

開発状況の理解，持続可能な開発のもつ価値観の評価，具体的な援助・支援策の判断および評価を学ぶ単元である。表6-4は同単元の展開を示したものである。同単元は，7つの小単元から構成され，大きく4つの学習過程に分けることができる。

小単元1では，開発水準の指標の理解，判断および評価に重点が置かれ，開発の評価方法，開発が人々に与える影響をまとめる学習課題を中心に学習が展開する。

小単元2および3では，グローバルな視点から開発・援助政策を理解，判断および評価する。小単元2では，開発援助の方針としての持続可能な開発に関して，定義を記述したり，SDGs（Sustainable Development Goals；持続可能な開発目標）を評価したりする。小単元3では，選択課題として「新たな開発援助の方法」および「マイクロクレジット」が設定され，「新たな開発援助の方法」では，開発援助に関する新聞記事を批判的に再構成したり，ボツワナならびにブルキナファソにおける開発援助および国民総生産の成長を比較したりする学習が展開する。「マイクロクレジット」では，マイクロクレジットを説明したり，マイクロクレジットが貧困から脱出できるか否か，またはどの程度貢献できるかについて立場を明確化したりする学習が展開する。

小単元4から6では，ローカルな視点から具体的な開発援助を理解，判断および評価する。小単元4では食糧援助，小単元5ではフェアトレード，小単元6では観光業が具体的な援助政策として取り上げられている。具体的な地域による実施状況を示しながら，援助政策の内容を理解したり，学習者が政策に対する立場（良し悪し）を明確化したりすることを通じて，判断および評価する。

小単元7では，特定の国家の行動による世界への影響を判断および評価する。選択課題に取り組む本小単元では，「中国」および「BRICS」に関する課題が用意され，「中国」では政策の内容を説明ならびに評価，「BRICS」ではBRICS間の人口および経済規模の比較，BRICSは世界経済を変化させるか否かについて立場を明確化する学習をする。

②教授過程にみるESDの視点

本単元は，持続可能性および持続可能な開発に関する領域のなかでも，開発問題および格差に焦点をあて，学習するものである。本単元におけるESDに関する学習の特徴は，「地球的視野で考え，身近なところで実践する」の考えの下，学習が展開する点である。その特徴は小単元の構成から読み取ることができる。小単元1から3では，地球的視野から，開発状況の理解，開発援助のための視点および方向性に関する判断および評価に関する学習が展開され，小単元4から6では，地域的視野から具体的な援助政策が与えた影響ならびに結果を理解，判断および評価する学習が設定されている。つまり，単元の前半では，地球規模における開発格差を把握し，その是正に向けた開発援助の視点ならびに方向性を認識する。後半では具体的な地域で展開するさまざまな援助方法を検討することで，地域の実情に合わせた援助方法の検討が必要であることを学習する。

また小単元4では，「『人々に魚を与えることよりも，釣りを教えることのほうが良い』ということに対して，立場を明らかにしなさい。」という学習課題が設定され，食糧援助を続けることが根本的な解決につながるか否かを扱っている。さらに小単元5では，フェアトレードの原則が「生態（Ökologie）」，「経済（Ökonomie）」，および「社会（Soziales）」の3観点から示されるなど，ESDの学習に際して求められるジレンマまたは持続可能な開発の原則からの考察なども，学習課題に盛り込まれている。

3. ニーダーザクセン州地理カリキュラムおよび学習の特質

NI州の地理教育および学習は，新たな空間を形成できる能力を育む地理教育である。そのために，前期中等教育地理は学習対象である「空間」を「人間－空間」あるいは「人間－環境」関係からとらえ，2学年ごとに3つの異なる学習プロセス（5～6学年：空間を知る，7～8学年：空間をわかる，9～10学年：空間をつくる）およびそれに対応した学習内容から構成されていた。

ESDの視点からみた場合，NI州における地理教育および学習の特質として，

以下の2点が指摘できる。

　1点目は，学習プロセスに対応して，持続可能性および持続可能な開発を繰り返し学ぶことである。NI 州 *TERRA* では，ドイツの文脈における持続可能性の起源を知る学習，具体的な持続可能な取り組みをわかる学習，そして将来社会を形成する視点としての持続可能な開発に関して，持続可能な開発のもつ価値観そのものを批判的に検討および獲得する学習が設定されていた。

　2点目は，持続可能性および持続可能な開発のもつ価値観を，所与のものとして学習を展開しないことである。NI 州 *TERRA* 所収の単元「1つの世界？」は，将来空間を形成する価値観である持続可能な開発を学習する単元である。とりわけ小単元「2. 開発援助－もちろん，でもどうやって？」では，SDGs を評価することで，批判的に持続可能な開発の方法や価値観が獲得されることを促している。

（注）
(1) NI 州における前期中等教育は第5学年から第10学年の範囲を指し，生徒の年齢は 10～16 歳である．
(2) コアカリキュラムの作成にあたっては，Frank-Michael Czapek, Bernd Haberlag, Beate Liedke, Rainer Starke, Dietmar Wagner の5人が従事した．また，Czapek は『ドイツ地理教育スタンダード』の開発に携わるとともに，ドイツ地理学会の傘下団体の1つである VDSG（ドイツ学校地理学者連盟）の代表を務める．
(3) この目標について服部（2007a）は，「空間形成能力」と定義している．また，この目標はドイツ地理学の研究動向もまた深く関連している．その詳細は，阪上（2015）において示されている．
(4) NI 州の5つのコンピテンシー領域は，旧版『コアカリキュラム 2008』のものと変化はない．
(5)『ドイツ地理教育スタンダード』においてもその概要が述べられており（DGfG, 2014：30-35），またそれにもとづくモデル授業および評価方法もまた示されている．

終章　地理教育改革において
ESDが果たす役割と展望および課題

1. 研究の成果

　本書では，地理教育改革におけるESDの役割と改革に伴う地理教育の変化の特徴，およびESDの視点を入れた地理カリキュラム・学習の構造および特質について明らかにすることを目的とし，ドイツを中心とした地理教育を対象に研究を試みた。各章の検討結果から，研究成果として，以下の4点が指摘できる。

　1点目は，ESDの視点を入れたことによる地理教育の変化を明らかにした点である。既存の教育に対して，持続可能性に関連するより多くの原則，知識，技能，洞察力，価値観を取り入れることをESDは求める。第1章で検討したように，各国の地理教育がESDに取り組んだことで，これまでの地理教育のあり方を変化させるとともに，変化の内容に関しては地域差がみられた。

　とりわけドイツを含むヨーロッパ地域の地理教育は，伝統的に権威があるものとして教授されてきた「地理」から，持続可能な開発の達成や市民を育成するための手段としての「地理的研究」へと変化している。そして，スキルの学習や思考力の育成にその目標を変化させており，その傾向が顕著である。

　また，ESDは地理教育のもつ総合性や学際性の強化をもたらした点も指摘できる。地理教育がESDに貢献できる点の1つとして，地理学の学際性を活用し，複数の科学視点から事象にアプローチできることが示されている。そのため，「ルツェルン宣言」では，*UNDESD-IIS*が示す「行動テーマ」の多くが地理的特徴をもつこと（大西訳，2008）が提示されている。

　また，Haubrich（2007）や阪上（2012）はこれらのテーマに関して地理でも扱うことができるが，問題の解決のためには地理だけでなく，個々の問題に応

じた専門的視点からのアプローチ，地理と他教科との連携も必要であることを指摘している。

　第5章で検討したBW州では，5～7学年において経済分野との連携が強く，それゆえに当該学年においては，経済と地理の両者に共通するテーマや諸問題に関する学習が配置され，地理と経済の視点を踏まえて取り組むことが求められていた。

　2点目は，IGU-CGEの「地理教育国際憲章」および「ルツェルン宣言」の分析を通じて，IGU-CGEがESDを推進する背景や諸宣言におけるESDの観点を明らかにするとともに，ドイツ地理教育への影響を示した点である。諸宣言の普及による地理教育の地位の向上は，IGU-CGEの9つの活動目標の1つに位置づけられている。

　第2章で分析した「地理教育国際憲章」と「ルツェルン宣言」には，地球規模における普遍的な価値や倫理を根底とした一貫した地理教育の目標が設定されている。この2つの諸宣言の作成に携わり，同委員会の委員長を務めたハウブリッヒは，「社会や環境の変革に対する積極的なアプローチは委員会の宣言の重要な要素である」と述べていた。「地理教育国際憲章」は，リオデジャネイロ・サミットが開催されたのと同じ1992年に刊行されるとともに，UNDESD以前から地理教育でESDを扱うための重要な知見を示していた。ESDに焦点を当てた「ルツェルン宣言」では，「地理教育国際憲章」を基礎としながらも，ESDの観点が盛り込まれたことで，学際性の考え方，カリキュラムにおける地理の位置づけの考え方に大きな変化がみられ，持続可能な社会を担う市民の育成を視野に入れ，社会を理解・変革するための知識や概念，技能等が定義されていた。

　IGU-CGEの諸宣言では，地理学習を通じた地球規模の価値観や倫理の獲得とともに，社会変革を行うことのできる市民の育成に，最終的な目標が置かれていた。また，諸宣言は各国の地理教育（カリキュラム）に対して適応可能な大枠を示している。ドイツでは州地理カリキュラム作成のための指針や『ドイツ地理教育スタンダード』の作成の過程で「地理教育国際憲章」が参考にされ

ていた。この背景には，同憲章を作成したハウブリッヒがドイツ国内の指針の作成に携わってきたことがある。

　3点目は，ESD先進国であるドイツを取り上げ，地理教育や地理カリキュラムにESDの視点が入る過程の背景や議論などを，教育学と地理学の立場から明らかにした点である。地理カリキュラムにおける持続可能性や持続可能な開発の出発点は，持続可能性を核として教科横断的な教育課題に取り組み始めた1990年代であった。1990年代は一般教授学・教育学においても，政治，経済，社会に対する規範的な行動枠組みだったものが，ESDとして概念的に発展し，カリキュラムのなかに取り入れられた時代であった。さらにPISAショックを契機とする教育改革以降，ESDは教科指導における明確な位置づけを与えられるとともに，ESDを通じて獲得を目指す形成能力が開発された。

　また，持続可能な開発やESDは，教育を含むさまざまな領域・分野において議論されている。「地球の持続可能性を脅かす複雑な諸問題に対処するための教育が，ESDの課題である。これは，教育改革のみでは達成されないであろう。社会のさまざまな部門による，広範囲で真摯な取り組みが必要であろう」（佐藤・阿部監訳，2006：175）と*UNDESD-IIS*が示すように，持続可能な社会の形成にあたり教育の重要性が認められる一方で，さまざまな領域からのアプローチが求められている。地理教育の基盤の1つである地理学においても，持続可能性や持続可能な開発に関する議論が積み重ねられてきた。「人間－環境」関係に関する議論，4つの異なる空間概念について述べたが，これらはまさに地理学がESDが示す現実社会の諸課題を研究，解決をする過程で登場したものである。

　4点目は，PISAショック後の16州ギムナジウム地理カリキュラムの検討から，ESDを含めた改訂動向や傾向を整理するとともに，BW州およびNI州地理カリキュラムと地理教科書の分析から，ESD学習の構造および特質を明らかにした点である。州政府（州教育省）にカリキュラムなどの教育権限が付与されるドイツでは，州ごとに多様な地理カリキュラムのあり方をみることができる。州地理カリキュラムの改訂状況をみた場合，学会スタンダード等が，改

訂に対して影響を与え，とりわけ 2009 年以降に刊行された 10 州のうち 9 州の州地理カリキュラムでは，その影響をみることができた。

また，地理科を採用する州が多くみられたが，地理科であっても歴史科や公民科（ゾチアルクンデ）との学習内容や活動の連携，社会系教科共通のコンピテンシーを設定する州も見受けられた。州地理カリキュラムで設定されるコンピテンシーには，地理独自の教科コンピテンシーだけでなく，他の教科に通じるような教科横断コンピテンシー，実社会で生きていくための行為コンピテンシーも含まれていた。また，ESD に関しても MV 州では，UNDESD 以前から ESD への取り組みをカリキュラム上で述べており，RP 州では「形成能力」が社会科学科学習を通じて獲得を目指す上位のコンピテンシーとして位置づけられていた。

第 6 章における NI 州の検討では，地理カリキュラム・教科書が，持続可能性や持続可能な開発のもつ価値観を，所与のものとせず，異なる学習プロセスに対応して，持続可能性や持続可能な開発を繰り返し学ぶことを意図としていた。ESD の実践にあたっては，多様なアプローチが求められている。NI 州においては，「空間を知る」，「空間をわかる」，「空間をつくる」という学習プロセスに対応して，「ドイツの文脈における持続可能性の起源を知る学習」，「具体的な持続可能な取り組みをわかる学習」，そして「将来社会を形成する視点としての持続可能な開発に関して，持続可能な開発のもつ価値観そのものを批判的に検討および獲得する学習」が教科書では設定されていた。また，BW 州，NI 州ともに，学習過程では「地球的視野で考え，身近なところで実践する」という考えの下で，小単元が構成されたり，持続可能な開発の 3 観点（環境，経済，社会）から事象や解決策を判断・評価したりする学習課題をみることができた。

2. 展望および課題

本研究の今後の展望と課題は，以下の 2 点である。

2. 展望および課題

　1点目は，州地理教育のさらなる比較研究の実施である。本書では，ギムナジウム中等教育に焦点をあて，BW州とNI州における州地理カリキュラムと地理教科書の検討を行った。当然ながらドイツ市民の育成，ひいては持続可能な社会の形成に携わるのは，ギムナジウムだけでなく，中等教育における全学校種あるいは初等教育である。第4章で検討したように，ギムナジウムにおける16州地理カリキュラムは，共通した内容・項目がみられる一方で，各州独自の観点・個性を有している。また，州間だけでなく，同一州内においても学校種による違いが生じている。他の州・校種を比較・考察することで，ドイツ地理教育・学習におけるESDに対する取り組みや学習の観点を，ドイツの初等・中等教育という枠組みで体系的に示すことができ，ESDに取り組む日本の地理を含む初等・中等社会科教育に対して，取り組みのモデルを提供できると考えている。

　2点目は，ドイツ地理教育における研究成果を踏まえ，日本の地理教育におけるESD研究に対して，理論と実践の両面から，ESDの視点を入れた日本の地理教育改革に貢献することが課題である。本研究では，ドイツ地理教育においてESDが取り組まれる背景や州カリキュラム，教科書におけるESD実践の構造および特質は明らかにすることができた。しかしながら，この成果を日本の地理教育にどのようにして反映，実践していくかという点には十分に触れることはできなかった。日本の地理教育においてもESDは重要な課題の1つであり，高等学校地理歴史科の改革案である「地理総合」では，「持続可能な社会づくりに必須となる地球規模の諸課題や，地域的課題を解決する力を育む科目」として，ESDの視点およびIGU-CGEの「ルツェルン宣言」が示す地理的能力が参考にされている。

　第6章では，NI州の『コアカリキュラム2015』およびNI州 *TERRA* の検討から，持続可能な開発を知る，わかる，そしてその価値観を形成するプロセスを通じて，ESDが掲げる価値観の批判的獲得を達成すること，ドイツの文脈から持続可能性と社会との接点，そして持続可能性の必要性を学習していたことを明らかにした。今後の研究では，このような多様な学習プロセスを通じてESD

の学習を繰り返し学ぶ地理カリキュラムおよび具体的な単元案ないしは授業案の形式で提案していくことによって，日本の地理教育における ESD 実践の推進に貢献できると考えている。

あとがき

　私が広島大学教育学部社会系コースに入学したときは，まさか博士号取得を目指して博士課程後期まで通うことになるとは思ってもみなかった。入学時から地理に関する卒業論文が書きたいという思いがあり，3年生の時に希望通り由井義通先生のゼミに配属された。博士論文の主査を務めていただいた由井先生は，大学入学時から博士課程後期修了後の日本学術振興会特別研究員までの10年間という長期の間，チューター，指導教員として大変お世話になった。由井先生のゼミに入らなければ，おそらく博士号を目指して研究を続けることはなかったであろう。また，国内外における調査や学会に同行させていただく機会が多くあり，研究者としてのあり方・姿勢についても身近で勉強することができた。

　副査を務めていただいた下向井龍彦先生，草原和博先生，熊原康博先生には，博士論文の方向性や改善点に関して，具体的なご提案をいただき，終始懇切丁寧なご指導を賜った。また，法政大学に移られた前杢英明先生を含む社会認識教育学講座の諸先生方にも大変お世話になった。とりわけ特別研究員時代には，池野範男先生がセンター長を務める学習システム促進研究センター（RIDLS）において，雑誌編集の業務や海外の研究者と交流する機会を与えていただいた。また，地理学研究ではなく地理教育研究の道に進むきかっけは，池野先生が担当をされた「総合演習」を受講したことが大きかった。

　博士課程前期・後期在学中は，多くの先輩，同期，後輩に支えていただいた。先輩の岡田了祐氏（現：聖徳大学）と同期の渡邉　巧氏（現：日本女子大学），大坂　遊氏（現：徳山大学）とは，昼夜を問わず社会科や地理教育に関する議論をしたり，一緒に学会に行ったりするなど，研究の面だけでなく多くの場面で支えてもらった。また，同期の杉谷真理子氏（現：松江工業高等専門学

校)とは,同じ由井先生のゼミに所属し,後輩たちとともに沖縄やドイツで調査を行ったことが印象に残っている。

　また,広島大学の先生方だけでなく,学会発表や調査を通じて他大学の地理教育・社会科教育,ESD の先生方からも多くのご助言,ご指導をいただいた。とくに中山修一先生(広島大学名誉教授・広島経済大学名誉教授),和田文雄先生(岡山大学),湯浅清治先生(元広島大学附属中・高等学校)には,研究会での発表機会を与えていただき,地理教育において ESD を研究する意義や視点についてご指導を賜った。志村　喬先生(上越教育大学)には,諸外国とくにイギリスの地理教育・ESD の状況・動向に関してご教授いただいた。卜部匡司先生(広島市立大学)にはドイツの学校教育,ESD に関する情報を提供していただくとともに,ドイツでの調査の際には大変お世話になった。山本隆太先生(静岡大学)には,ドイツ地理教育の動向についてご教授いただいた。

　幸いにもドイツに留学できたことから,ドイツにおいても多くの先生方のお世話になった。Dr. Annegret Schwarz 先生には,ラインラント=プファルツ州におけるカリキュラム改訂や ESD の動向に関する貴重な情報をご提供していただくとともに,先生が校長を務める学校の見学を快く引き受けていただいた。留学先であるバーデン=ヴュルテンベルク州テュービンゲン大学の濱田朱美先生(哲学部アジア地域文化研究所日本学科)には,先生の日本語授業やテュービンゲン近郊に住む日本人が参加する読書会に誘っていただいたおかげで,安心して留学生活を送ることができた。

　また,濱田先生には,現地のギムナジウムに勤める Wolfgang Weber 先生(日本語,物理)を紹介していただいた。Weber 先生には,同僚の Sonja Winklhofer 先生(地理,ドイツ語)を紹介していただき,帰国後もたびたび連絡をとっている。Winklhofer 先生には,留学中から現在に至るまで,地理授業の見学を快く許可していただいている。また,Winklhofer 先生にはドイツの学校地理が ESD に取り組む意義についてお話をしていただき,大変参考になった。テュービンゲン大学に留学できたのはたった半年であったが,多くの人と知り合い,多くのものを得ることができた。時折,テュービンゲンに行きたい

という衝動に駆られる。私のなかではテュービンゲンはもうドイツにおける故郷になっているのかもしれない。

　2017年4月から，岐阜工業高等専門学校に社会担当の助教として着任した。同じ社会で大学の先輩にあたる空　健太先生をはじめ諸先生方に助けていただく毎日である。

　こうして振り返ってみると，日独で本当に多くの先生方に出会い，お世話になった。諸先生方との出会いがなければ，本書は完成しなかったと思う。ここにお名前を挙げることができなかった方々を含め，心から謝意を表したい。

　また，研究者としての私があるのは，両親の存在が大きい。4年間で大学生活を終え，兵庫県に戻り高校教員をするという約束で広島大学に通うことになったが，その約束を破ってしまった。それでも博士号取得まで温かく見守ってくれた両親に感謝したい。

　末筆ながら，本書の刊行を快くお引き受け下さった古今書院橋本壽資社長，また書類手続きや校正作業などで大変お世話になった編集部原　光一氏に心から謝意を表したい。

　本書は，2016年1月に広島大学大学院教育学研究科に提出した学位請求論文「ESDの視点を取り入れた地理教育改革－ドイツ地理教育を事例として－」をもとに，科学研究費補助金（特別研究員奨励費：JP15J05938）「ESDの視点を入れた地理教育改革に関する研究」の成果を加え，修正・加筆したものである。本書の各章は，すでに公表した以下の論文がもとになっている。その他の章および節に関しては，基本的に書下ろしである。

・阪上弘彬（2013）：国際地理学連合・地理教育委員会によるESDの展開とドイツにおける取り組み．E-journal GEO，8，pp. 242-254.
　（第2章2節・3節，第3章3節）
・阪上弘彬（2015）：地理教育における持続可能な開発のための教育（ESD）の動向．広島大学大学院教育学研究科紀要　第二部，文化教育開発関連領域，64，pp. 17-25.

（第 1 章）
・阪上弘彬（2015）：ドイツ地理教育における ESD の観点－レールプラン作成に関わる教育学と地理学の検討から－．社会科教育研究，126，pp. 38-48.
（第 3 章 1 節・2 節）
・阪上弘彬（2016）：ESD の視点を入れた地理カリキュラム・学習の構造と特質－ドイツ・ニーダーザクセン州ギムナジウムを事例に－．E-journal GEO, 11，pp. 401-414.
（第 6 章）
・阪上弘彬（2018）：ドイツ地理教育におけるコンピテンシーの位置づけ－16 州の地理カリキュラムの比較から－．地理科学，72(4)，（印刷中）
（第 4 章 1 節・2 節）

なお，本書は日本学術振興会平成 29 年度科学研究費助成事業（科学研究費補助金）（研究成果公開促進費）JP17HP5236 の助成を受けたものである．

2017 年 11 月　　　　　　　　　　　　　　　　　　　　　　　阪上弘彬

参　考　文　献

【欧文文献】

Alfred-Wegener-Stiftung für Geowissenschaften in Gemeinschaft mit der Deutschen Gesellschaft für Geographie e.V. und dem Institut für Länderkunde in Leipzig (1996)：*Leipziger Erklärung zur Bedeutung der Geowissenschaften in Lehrerbildung und Schule.*

Ballantyne, R. and Gerber, R. (2004)：Teaching and learning matters. Kent, W. A., Rawling, E. and Robinson, A. eds. *Geographical education expanding horizons in a shrinking world.* Glasgow Scottish Association of Geography Teachers with Commission on Geographical Education.（未見）

Bagoly-Simó, P. (2013)：Lehrplan/Curriculum. Böhn, D. und Obermaier, G. Hrsg. *Wörterbuch der Geographiedidaktik.* Westermann. S.173-174.

Barker, W. H. (1927)： *Geography in Education and Citizenship.* University of London.（未見）

Bednarz, S. W., Heffron, S. and Huynh, N. T. eds. (2013)：*A road map for 21st century geography education: Geography education research.* Association of American Geographers. http://education.nationalgeographic.com/media/file/NGS_RoadMap_GERC_6-21.pdf（2015年7月8日閲覧）

Butt, G., Hemmer. M, Hernando, A. and Houtsonen, L. (2006)：Geography in Europe. Lidstone, J. and Williams, M. eds. *Geographical Education in a Changing World.* Springer, pp.93-106.

Czapek, F. (2007)：Bildungsstandards umsetzen: Vor der nationalen Vorgeben zum schulinternen Arbeitsplan. *Geographie Heute*, 255/256, 10-13.

Chalmers, L. (2006)：International Geographical Education Past, Present and Future. Lidstone, J. and Williams, M. eds. *Geographical Education in a Changing World.* Springer, pp.xiii-xv.

Deutsche UNESCO-Kommission (2011)：*UN-Dekade „Bidung für nachhaltige Entwicklung" 2005-2014. Nationaler Aktionplan für Deutschland 2011.* Kettler. （2. Auflage）

DGfG (Arbeitsgruppe Curriculum 2000+ der Deutschen Gesellschaft für Geographie) (2002/2003)：*Grundsätze und Empfehlungen für die Lehrplanarbeit im Schulfach Geographie.*

DGfG Hrsg. (2006) ： *Bildungsstandards im Fach Geographie für den Mittleren*

Schulabschuluss. DGfG.

DGfG Hrsg. (2014)：*Bildungsstandards im Fach Geographie für den Mittleren Schulabschuluss-mit Aufgabenbeispielen.* DGfG. (8. Auflage)

Egner, H. (2010)：*Theoretische Geographie.* WBG.

Gerber, R. (2003)：The global scene for geographical education. Gerber, R. ed. International Handbook on Geographical Education. Kluwer Academic Publishers, pp.3-18.

Haberlag, B. und Wagemer, D. Hrsg. (2015-2016)：*TERRA Erdkunde für Niedersachsen Aufgabe für Gymnasium (1/2/3).* Ernst Klett Verlag.

Haubrich, H. (2007)：Geography Education for Sustainable Development. Reinfried, S., Schleicher, Y. and Rempfler A. eds. Geographical Views on Education for Sustainable Development. Proceedings of the Lucerne-Symposium, Switzerland, July 29-31, 2007. *Geographiedidaktische Forschungen,* 42, pp.27-38.

Haubrich, H. (2009)：Global leadership and global responsibility for geographical education. *International Research in Geographical and Environmental Education*, 18(2), pp.79-81.

Hemmer, I. (2012)：Standards und Kompetenzen. Haversath, J. *Geographiedidaktik.* Westermann. S.90-106.

Hemmer, I. und Hemmer, M. (2013)：Bildungsstandards im Geographieunterricht-Konzeption, Herausforderung, Diskussion. Rolfes, M. und Uhlenwinkel, A. Hrsg. *Metzler Handbuch 2.0 Geographieunterricht.* Westermann. S.24-32.

Hoffmann, K. W. (2013)：Lehrpläne und Bildungsstandards für den Geogrpahieunterricht. Kanwischer, D. Hrsg. *Geographiedidaktik.* Borntraeger, S.94-104.

Hoffmann, K. W. und Werner-Tokarski, D. (2007)：Bildung für nachhaltige Entwicklung：Kompetenzen und Lernangebote. *Geographie Heute.* 255/256, S.60-63.

Hoffmann, T. (2006)：Georaphische Lehrpläne in die Praxis umsetzen. Haubrich, H. Hrsg. *Geographie unterrichten lernen.* Oldenbourg. S.79-106.

Hoffmann, T. (2015)：Der Lehrplan als gesellschaftliches Konstrukt. Reinfried, S. und Haubrich, H. Hrsg. *Geographie unterrichten lernen.* Cornelsen, S.99-120.

IGU Commission on Geographical Education (1992)：*International Charter on Geographical Education.* 中山修一訳（1993）：地理教育国際憲章. 地理科学, 48(2), pp.104-119.

IGU-CGE（Haubrich, H., Reinfried, S. and Schleicher, Y.）(2007)：Lucerne Declaration on Geographical Education for Sustainable Development. S. Reinfried, Y. Schleicher, and A. Rempfler eds. Geographical Views on Education for Sustainable Development. Proceedings

of the Lucerne-Symposium, Switzerland, July 29-31, 2007. *Geographiedidaktische Forschungen*, 42, pp.243-250. 大西宏治訳（2008）：持続可能な開発のための地理教育に関するルツェルン宣言（全訳）．新地理 55(3・4)，pp.33-38.
Kent, A.(2006)：Changing learning and teaching. Lidstone, J. and Williams, M. eds. *Geographical Education in a Changing World*. Springer, pp.55-71.
Kent, A. and Jackson, S. eds.(2000)：*Geography and Environmental Education*. University of London Institute of Education.（未見）
Kisser, K.(2011)：Erdkunde/Geographie in den Lehr- und Bildungsplänen für das Gymnasium in Baden-Württemberg 1957-2004: roter Faden oder ständiger Bruch? *Geographie und ihre Didaktik*, 39, S.217-230.
Lam, C., Lin. P, Lee, J. C., Yee, S. O. and Yang, G.(2006)：Geographical education in East Asia. Lidstone, J. and Williams, M. eds. *Geographical Education in a Changing World*. Springer, pp.139-154.
Lee, J., Bednarz, R. S. and Bednarz, S. W.(2007)：The status of Education for Sustainable Development in the schools: United States and South Korea. Reinfried, S., Schleicher, S. and Rempfler, A. eds. Geographical Views on Education for Sustainable Development. Proceedings of the Lucerne-Symposium, Switzerland, July 29-31, 2007. *Geographiedidaktische Forschungen*, 42, pp.171-177.
Lee, J. and Butt, G.(2014)：The reform of national geography standards in South Korea -trends, challenges and responses. *International Research in Geographical and Environmental Education*, 23(1), pp.13-24.
Lenz, T.(2006)：Entwicklungslinien der Didaktik der Geographie zwischen Fachwissenschaft und Erziehungswissenschaft. Haubrich, H. Hrsg. *Geographie unterrichten lernen*. Oldenbourg. S.349-351.
Meyer, C.(2011)：Zur Einführung. Meyer, C., Henrý, R. und Stober, G. Hrsg. *Geographische Bildung*. Westermann, S.5-10.
Obermann, H. Hrsg.(2004-2007)：*TERRA GWG Geographie-Wirtschaft Gymnasium Baden-Württemberg (1,2,3/4,5/6)*. Ernst Klett Verlag GmbH.
Pinchemel, P.(1982)：The aims and values of geographical education. Graves, N. ed. *New UNESCO Source Book for Geography Teaching*. Longman, pp.12-13.（未見）
Ricard, M.(2013)：Trends and Issues of ESD in Europe. 国立教育政策研究所紀要，142，pp.9-23.
Rinschede, G.(2007)：*Geographiedidaktik*. UTB.(3. Auflage)

Sato, M. and Goto, M.(2013)：International comparative Studies of Curriculum Framework with regard to ESD in Schools. 国立教育政策研究所紀要，142，pp.73-85.

Salter, F. ed.(1982)：*Learning Through Geography*. Heinemann.（未見）

Stoltman, J.P.(2006)：Turning Points in Geographic Education. Lidstone, J. and Williams, M. eds. *Geographical Education in a Changing World*. Springer, pp.23-37.

Uhlenwinkel, A.(2013)：Lernen im Geographieunterricht:Trends und Kontroversen. Kanwischer, D. Hrsg. *Geographiedidaktik*. Borntraeger, S.130-140.

Verband Deutscher Schulgeographen e.V.(1999)：*Grundlehrplan Geographie*.

Viehrig, K. und Volz, D.(2013)：Raumverhaltenskompetenz. Böhn, D. und Obermaier, G. Hrsg. *Wörterbuch der Geographiedidaktik*. Westermann. S.230-231.

Wardenga, U.(2002)：Alte und neue Raumkonzepte für den Geographieunterricht. *Geographie Heute*, 200, S.8-11.

Zentralverband der Deutschen Geographen(1980)：Basislehrplan „Geographie" für Sekundarstufe Ⅰ. *Geographische Rundschau*, 32, S.548-550.

【邦文文献】

阿部　治（2006）：わが国における国連持続可能な開発のための教育の10年の取組と課題－科学教育への期待をこめて－．年会論文集，30，pp.355-358.

阿部　治（2009）：「持続可能な開発のための教育」(ESD)の現状と課題．環境教育，19(2)，pp.21-30.

阿部　治（2010）：ESD（持続可能な開発のための教育）とは何か．生方秀紀・神田房行・大森　亨編著：『ESD（持続可能な開発のための教育）をつくる』ミネルヴァ書房，pp.1-27.

池　俊介（2015）：ポルトガルにおける中学校地理教育の特徴と課題．新地理，63(1)，pp.1-18.

泉　貴久（2006）：地理教育とグローバル教育．日本地理教育学会編：『地理教育用語技能事典』帝国書院，p.112.

泉　貴久・梅村松秀・福島義和・池下　誠編（2012）：『社会参画の授業づくり－持続可能な社会にむけて－』古今書院．

井田仁康（2003）：地理的な見方・考え方．村山祐司編：『21世紀の地理　新しい地理教育』朝倉書店，pp.26-52.

浮田典良編（2012）：『最新地理学用語辞典』原書房．

植村広美（2011）：中国における国家発展戦略としてのESD．中山修一・和田文雄・

湯浅清治編：『持続可能な社会と地理教育実践』古今書院，pp.229-238.
梅村松秀（2012）：IGU/CGEが提起する21世紀地理教育パラダイム －「人間－環境」エコシステム－．泉　貴久・梅村松秀・福島義和・池下　誠編：『社会参画の授業づくり－持続可能な社会にむけて－』古今書院，pp.122-128.
卜部匡司（2009）：地理教育とESDの関係－カリキュラム論の立場から．地理教育フォーラム，9，pp.4-8.
卜部匡司（2011）：ドイツにおけるESDの概念．中山修一・和田文雄・湯浅清治編：『持続可能な社会と地理教育実践』古今書院，pp.176-180.
大髙　皇（2010）：ドイツにおける地理教育カリキュラムと地理教育スタンダードの展開－バーデン＝ヴュルテンベルク州教育スタンダードを事例として－．社会科教育研究，110，pp.130-142.
大西宏治訳（2017）：IGU地理教育国際憲章2016（全訳）．井田仁康編：『教科教育におけるESDの実践と課題～地理・歴史・公民・社会科～』古今書院，pp.285-295. IGU (2016)：*2016 International Charter on Geography Education.*
神田房行（2010）：環境教育概念の進化．生方秀紀・神田房行・大森　亨編著：『ESD（持続可能な開発のための教育）をつくる』ミネルヴァ書房，pp.43-63.
金　玹辰（2008）：地理的探究に基づく学習の意義－「地理教育国際憲章」を手がかりに－．新地理，56(1)，pp.1-14.
金　玹辰（2012a）：地理教育の世界的動向－カリキュラム分析を通して－．E-journal GEO，7，pp.82-89.
金玹辰（2012b）：『地理カリキュラムの国際比較研究－地理的探究に基づく学習の視点から－』学文社．
草原和博（1996）：社会科学科としての地理教育－HSGPの再評価－．社会科研究，44，pp.41-50.
草原和博（2006）：地理教育の社会化－わが国の地理教育変革論の体系と課題－．社会系教科教育学研究，18，pp.1-10.
草原和博（2007）：地理教育の公民教育化－地域を単位にした総合的な社会研究－．社会科研究，66，pp.11-20.
草原和博（2008）：地理教育改革のオルタナティブ－教科構造の原理的考察を踏まえて－．社会系教科教育学研究，20，pp.21-30.
「国連持続可能な開発のための教育の10年」関係省庁連絡会議（2006）：わが国における「国連持続可能な開発のための教育の10年」実施計画．
熊野敬子（2001）：国際地理学連合・地理教育委員会の国際宣言「多文化社会の市民

を育てる地理教育」－訳－．地理教育フォーラム，2，pp.7-8.
阪上弘彬（2012）：高等学校地理におけるクロス・カリキュラム理論を取り入れたESD授業開発．新地理，60(2)，pp.19-31.
阪上弘彬（2013）：国際地理学連合・地理教育委員会によるESDの展開とドイツにおける取り組み．E-journal GEO，8，pp.242-254.
阪上弘彬（2015）：ドイツ地理教育におけるESDの観点－レールプラン作成に関わる教育学と地理学の検討から－．社会科教育研究，126，pp.38-48.
阪上弘彬(2016)：ESDの視点を入れた地理カリキュラム・学習の構造と特質－ドイツ・ニーダーザクセン州ギムナジウムを事例に－．E-journal GEO，11，pp.401-414.
佐藤真久・阿部治監訳（2006）：国連持続可能な開発のための教育の10年（2005～2014年）国際実施計画．ESD-J2005活動報告書，pp.173-193．UNESCO (2005)：*United Nations Decade of Education for Sustainable Development (2005-2014) International Implementation Scheme*. UNESCO.
志村　喬（2010）：『現代イギリス地理教育の展開』風間書房．
志村　喬（2014）：国際地理学連合（IGU）の地理教育委員会（CGE）にみる地理教育研究潮流と日本．人文地理，66(2)，pp.30-50.
ソルム，M.・ヘフロンS.著，永田成文訳（2016）：持続可能な開発のための地理教育－アメリカ合衆国の地理ナショナルスタンダードの分析から－．新地理，64(1)，pp.34-39.
高雄綾子（2010）：ドイツにけるESDの取組．国立教育政策研究所：『学校教育における持続可能な発展のための教育（ESD）に関する研究中間報告書』国立教育政策研究所，pp.133-144.
髙山芳治（1973）：西ドイツにおける地理教育の目標をめぐる論争について－S.B.ロビンゾーンとE.エルンストの諸論を中心として－．社会科研究，22，pp.74-81.
田中治彦（2008）：これからの開発教育と「持続可能な開発のための教育」．山西優二・上條直美・近藤牧子編：『地域から描くこれからの開発教育』新評論，pp.17-36.
タニ，S.著，山本隆太訳（2016）：フィンランドの学校における地理とESD．新地理，64(1)，pp.29-33.
田部俊充・永田成文（2010）：米国地理教育におけるESDの現在－北米環境教育学会報告およびポートランドでの取組み－．地理，55(9)，pp.104-110.
トランスファー21編著，由井義通・卜部匡司監訳，高雄綾子・岩村拓哉・川田　力・小西美紀訳（2012）：『ESDコンピテンシー－学校の質的向上と形成能力の育成のための指導指針－』明石書店．

長島啓記（2009）：教科書制度と教育事情　7.ドイツ．国立教育政策研究所：『第3期科学技術基本計画のフォローアップ「理数教育部分」に係る調査研究　[理数教科書に関する国際比較調査結果報告]』国立教育政策研究所，pp.42-46.
中山修一（1991）：『地理にめざめたアメリカ－全米地理教育復興運動－』古今書院.
中山修一（2003）：「ユネスコ協同学校（ASP）」と「持続可能な開発のための教育（ESD）」の国際動向．地理教育フォーラム，4，pp.89-99.
中山修一（2009）：地理教育国際憲章．中村和郎・高橋伸夫・谷内　達・犬井　正編：『地理教育の目的と役割』古今書院，pp.212-214.
中山修一（2011）：地理ESD教材開発の目標，内容，方法．中山修一・和田文雄・湯浅清治編：『持続可能な社会と地理教育実践』古今書院，pp.10-15.
中山修一・佐藤真久（2011）：国連ESDの10年ユネスコ国際実施計画の策定とアジア太平洋地域におけるESDの展開に向けて．中山修一・和田文雄・湯浅清治編：『持続可能な社会と地理教育実践』古今書院，pp.16-25.
中山修一・和田文雄・湯浅清治編（2011）：『持続可能な社会と地理教育実践』古今書院.
中山修一・和田文雄・高田準一郎（2012a）：持続発展教育（ESD）としての地理教育．E-journal GEO，7，pp.57-64.
中山修一・和田文雄・湯浅清治編（2012b）：『持続可能な社会をめざす地理ESDガイド』啓文社.
西脇保幸（1993）：『地理教育論序説』二宮書店.
西脇保幸（1998）：地理教育における技能の育成．地理学評論，71A，pp.122-127.
服部一秀（2007a）：ドイツ地理学会版教育スタンダードの地理学力像［その1］．山梨大学教育人間科学部紀要，9，pp.122-132.
服部一秀（2007b）：ドイツ地理学会版教育スタンダードの地理学力像［その2］．山梨大学教育人間科学部紀要，9，pp.133-146.
服部一秀（2009）：『現代ドイツ社会系教科課程改革研究』風間書房.
早川東三・工藤幹巳編著（2005）：『ドイツを知るための60章』明石書店.
原田信之（2006）：教育スタンダードによるカリキュラム政策の展開－ドイツにおけるPISAショックと教育改革－．九州情報大学研究論集，8(1)，pp.51-68.
原田信之（2010）：『ドイツの統合教科カリキュラム改革』ミネルヴァ書房.
原田信之（2012）：コンピテンシー志向のカリキュラム－ドイツ・チューリンゲン州基礎学校2010年版学習指導要領－．岐阜大学教育学部研究報告，人文科学61(1)，pp.141-151.
原田信之（2016）：『ドイツの協同学習と汎用的能力の育成－持続可能性教育の基盤

形成のために』あいり出版．

樋口裕介（2007）:1970年代西ドイツにおける「カリキュラム」研究と伝統的な「レールプラン」研究との比較．教育方法学研究，33, pp.97-108.

久田敏彦（2013）：ポスト「PISAショック」の教育．久田敏彦監修，ドイツ教授学会研究会編:『PISA後の教育をどうとらえるか－ドイツをとおしてみる－』八千代出版，pp.1-30.

水岡不二雄（1981）：ドイツ連邦共和国の地理教育改革．地理学評論，54, pp.177-195.

村山朝子（1995）：スウェーデンにみる地理教育の再生．新地理，47(6), pp.65-79.

森川　洋・由井義通・フンクカロリン（2012）：ドイツの地理学．地学雑誌，121, pp.601-616.

森本直人（2000）：態度目標．森分孝治・片上宗二編:『社会科重要用語300の基礎知識』明治図書，p.119.

山口幸男・西木敏夫・八田二三一・小林正人・泉　貴久編（2008）:『地理教育カリキュラムの創造』古今書院．

山本隆太（2012）：ドイツの地理教育における「システム」論－人間－空間相互関係から人間－環境システムへ－．早稲田大学大学院教育学研究科紀要別冊，20(1), pp.177-187.

山本隆太（2014a）：ドイツにおける地理学再統合議論と地理教育との関係．早稲田大学大学院教育学研究科紀要，別冊21(2), pp.153-164.

山本隆太（2014b）：ベルリンの地理教科書にみる環境概念の学習－ Diercke Geografie（ギムナジウム9/10学年）の例－．学術研究 人文科学・社会科学編，62, pp.239-252.

由井義通・阪上弘彬（2012）:ESDの観点からみたドイツ地理教育スタンダードの分析. 学校教育実践学研究，18, pp.75-86.

ユネスコ作成，松井上席研究員訳（2004）：仮訳（未定稿）国連持続可能な開発のための教育の10年2005 - 2014国際実施計画案．UNESCO（2004）: *DESD Draft International Implementation Scheme*. UNESCO.

ユネスコ作成，国立教育政策研究所国際研究・協力部訳（2010）:『国連持続可能な開発のための教育の10年中間レビュー　ESDの文脈と構造』．UNESCO（2009）: *Review of Contexts and Structures for Education for Sustainable Development 2009*. UNESCO.

吉田成章（2010）：コンピテンシーモデルに基づくカリキュラム改革と授業実践－ド

イツにおける諸州共同版学習指導要領を中心に一．広島大学大学院教育学研究科紀要　第三部，教育人間科学関連領域，59，pp.11-20.

吉田成章（2016）：PISA後ドイツのカリキュラム改革におけるコンピテンシー（Kompetenz）の位置．広島大学大学院教育学研究科紀要　第三部，教育人間科学関連領域，65，pp.29-38.

【ドイツ州地理カリキュラム】

Der Senator für Bildung und Wissenschaft Bremen Hrsg.(2006)：*Welt-Umweltkunde, Geschichte, Geografie, Politik Bildungsplan für das Gymnasium Jahrgangsstufe 5-10.* Der Senator für Bildung und Wissenschaft.

Freie und Hansestadt Hamburg Behörde für Schule und Berufsbildung Hrsg.(2011)：*Bildungsplan Gymnasium Sekundarstufe I Geographie.* Freie und Hansestadt Hamburg Behörde für Schule und Berufsbildung.

Hessisches Kultusministerium Hrsg.(2010)：*LEHRPLAN ERDKUNDE Gymnasialer Bildungsgang Jahrgangsstufen 5G bis 8G.* Hessisches Kultusministerium.

Ministerium für Bildung, Familie, Frauen und Kultur Saarland Hrsg.(2014)：*Lehrplan Erdkunde Gymnasium.* Ministerium für Bildung, Familie, Frauen und Kultur Saarland.

Ministerium für Bildung, Jugend und Sport Land Brandenburg Hrsg.(2008)：*Rahmenlehrplan für die Sekundarstufe I Jahrgangsstufen 7-10 Geograpfie.* Hans Gieselmann Druck- und Medienhaus GmbH & Co KG.

Ministerium für Bildung Sachsen-Anhalt Hrsg.(2016)：*Fachlehrplan Gymnasium Geographie.* Ministerium für Bildung Sachsen-Anhalt.

Ministerium für Bildung, Wissenschaft, Forschung und Kultur des Landes Schleswig-Holstein Hrsg.(2015)：*Fachanforderungen Geographie Allgemein bildende Schulen Sekundarstufe I Sekundarstufe II.* Schmidt & Klaunig.

Ministerium für Bildung, Wissenschaft und Kultur Mecklenburg-Vorpommern Hrsg.(2002)：*RAHMENPLAN Gymnasium Integrierte Gesamtschule Jahrgangsstufen 7-10.* adiant Druck Roggentin.

Ministerium für Bildung, Wissenschaft, Weiterbildung und Kultur Rheinland-pfalz Hrsg. (2015)：*Lehrplan für die gesellschaftswissenschaftlichen Fächer Erdkunde, Geschichte, Sozialkunde.* Johnen-Druck GmbH & Co. KG, Bernkastel-Kues.

Ministerium für Kultus, Jugend und Sport Baden-Württemberg Hrsg.(2004)：*Bildungsplan 2004 Allgemein Bildendes Gymnasium.*

Ministerium für Kultus, Jugend und Sport Baden-Württemberg Hrsg. (2014) : *Bildungsplan 2016 Geographie*. Konrad Triltsch Print und digitale Medien GmbH.

Ministerium für Schule und Weiterbildung des Landes Nordrhein-Westfalen Hrsg. (2007) : *Kernlehrplan für das Gymnasium-Sekundarstufe I (G8) in Nordrhein-Westfalen Erdkunde*. Ritterbach Verlag GmbH.

Niedersächsisches Kultusministerium Hrsg. (2008) : *Kerncurriculum für das Gymnasium Schuljahrgänge 5-10 Erdkunde*. Unidruck.

Niedersächsisches Kultusministerium Hrsg. (2015) : *Kerncurriculum für das Gymnasium Schuljahrgänge 5-10 Erdkunde*. Unidruck.

Sächsisches Staatsministerium für Kultus Hrsg. (2004) : *Lehrplan Gymnasium Geographie*. Saxoprint GmbH Digital- & Offsetdruckerei.

Senatsverwaltung für Bildung, Jugend und Sport Berlin Hrsg. (2006) : *Rahmenlehrplan für die Sekundarstufe I Jahrgangsstufe 7-10 Hauptschule Realschule Gesamtschule Gymnasium Geografie*. Oktoberdruck AG Berlin.

Staatsinstitut für Schulqualität und Bildungsforschung Hrsg. (2009) : *Der Lehrplan für das Gymnasium in Beyern*. brainwaves Marketing-, Medien- und Kommunikations KG.

Thüringer Ministerium für Bildung, Wissenschaft und Kultur Hrsg. (2012) : *Lehrplan für den Erwerb der allgemeinen Hochschulreife Geografie*. Thüringer Ministerium für Bildung, Wissenschaft und Kultur.

資料 『ドイツ地理教育スタンダード』のコンピテンシー領域・スタンダードの全訳

資料1 コンピテンシー領域「教科専門（Fachwissen）」のスタンダード

F1 惑星としての地球を記述する能力	S1	基本的な地球の特徴（例えば，大きさ，形，構造，地軸の傾き，重力）について記述することができる。
	S2	太陽系における地球の位置と動き，その影響（昼，夜，季節）について説明することができる。
F2 自然地理的システムとして，多様な性質と規模の空間を理解する能力	S3	地球システムの自然領域の名称（例えば，大気圏，土壌圏，岩石圏）を挙げ，個々の相互作用を叙述することができる。
	S4	空間における現代の自然地理的現象と構造（例えば，噴火，地震，水域システム，カルスト地形）について記述，説明することができる。
	S5	空間におけるこれまでの，およびこれから想定される自然地理的構造（例えば，地質プレートの移動，氷河変動）について説明することができる。
	S6	空間における自然地理的要素に関する機能（例えば，植生に対する気候の重要性，土壌に対する岩石の重要性）について記述，説明することができる。
	S7	空間における自然地理的プロセスに関する経過（例えば，風化，天候パターン，山岳形成）について記述，説明することができる。
	S8	システムとして，ジオファクターに関する相互作用や簡単なサイクル（例えば，山岳地帯の植生，海流と気候，熱帯雨林のエコシステム，水循環）について説明することができる。
	S9	事例を通じて獲得した知識を他の空間へ応用することができる。
F3 人文地理的システムとして，多様な性質と規模の空間を理解する能力	S10	空間における過去および現在の人文地理的空間構造について記述，説明することができる；それは将来の構造(例えば，政治的区分け，経済的空間構造，人口分布)への予測に通じる。
	S11	空間における人文地理的要素に関する機能（例えば，交通手段による居住空間の開発）について記述，説明することができる。
	S12	空間における人文地理的プロセスに関する経過（例えば，構造変化，都市化，経済的グローバル化）について記述，説明することができる。
	S13	人文地理的システムにおける要素に関する相互作用（例えば，人口政策，世界貿易，メガシティ）について説明することができる。
	S14	社会的，政治的空間構造の現実の結果（例えば，紛争，移住，観光客の往来）について説明することができる。
	S15	空間間における人文地理的相互作用（例えば，都市－農村，途上国－先進国）について説明することができる。
	S16	事例を通じて獲得した知識を他の空間へ応用することができる。
F4 多様な性質と規模の空間における人間－環境関係を分析する能力	S17	空間の活用と形成における自然と人文的要素の機能的，システム相互作用（例えば，企業の立地選択，農業，採掘，エネルギー産出，観光客の往来，交通接続，都市生態）について記述，分析することができる。
	S18	空間の活用と形成の影響（例えば，森林破壊，水質汚染，土壌侵食，自然災害，気候変動，水不足，土壌塩化）について説明することができる。
	S19	選択された個々の事例に関して，空間の活用と形成の影響（例えば，砂漠化，移住，資源紛争，海洋汚染）についてシステム的に説明することができる。
	S20	空間開発，保護のために，実行できる生態的，社会的，そして／あるいは経済的に適した方法（例えば，観光開発，植林，ビオトープのつながり，ジオトープの保護）について説明することができる。
	S21	知識を同じあるいは異なる縮尺レベルの他の空間へ応用，ならびに共通点と相違点（例えば，地球規模の環境問題，ローカル化とグローバル化，地球の負荷と持続可能な開発）について説明することができる。
F5 明確な問題設定の下で，多様な性質と規模の空間を分析する能力	S22	具体的な空間（例えば，共同体，郷土，連邦州，大都市圏，ドイツ，ヨーロッパ，アメリカ，ロシア）に関する地理的な問題（例えば，好条件／不利空間，都市と農村における生活条件の対等性）を設定することができる。
	S23	この問題設定に解答するために，選択された空間における構造とプロセス（EUにおける経済構造，ドイツにおける産業のグローバル化，アマゾンにおける森林減少，シベリア）を分析することができる。
	S24	選択された観点（例えば，インドと中国における人口政策；ドイツ，ロシア，アメリカの気候；南極と北極の自然資源）から空間を比較することができる。
	S25	明確な特徴に従って空間を特徴づけ，互いに比較しながら区別することができる（例えば，途上国－先進国，ドイツとヨーロッパにおける大都市圏空間と周辺空間）。

DGfG（2014：13-16）より筆者作成

資料2　コンピテンシー領域「空間定位（Räumliche Orientierung）」のスタンダード

01 基本的な地誌的知識の形成	S1	多様な縮尺レベルにおける基本的な定位知識（例えば、大陸と海洋、地球の大山脈、個々の連邦州、主要なヨーロッパの都市と河川）をもっている。
	S2	基本的な空間定位のための位置関係や配列体系（例えば、緯度経度、地球の気候帯と景観帯、さまざまな発展水準の地域）について知っている。
02 空間システムにおける地理的対象物と状況の整理のための能力	S3	ある場所（とほかの地理的対象物と状況）の位置を、他の地理的まとまり（例えば、河川、山脈）との関係から記述することができる。
	S4	地理的対象物の位置を選択された空間の位置関係や空間システム（例えば、緯度経度での位置）との関係からより正確に記述することができる。
03 適切に地図を取り扱う能力（地図コンピテンシー）	S5	地図の基礎的要素（例えば、基本的な表現、一般化、球面の地球と起伏の二重の平面化）を挙げ、そして地図の作成プロセスについて記述することができる。
	S6	地形図、地勢図、主題地図、日常みられる地図を読み、目的に応じた問いにもとづいて評価することができる。
	S7	地図表現の操作の方法（例えば、色の選択、強調による）を記述することができる。
	S8	地形図の概略図や簡単な地図を作成することができる。
	S9	課題にもとづいて、簡単な地図化をすることができる。
	S10	WebGISを用いて簡単な主題図を作成することができる。
04 現実空間における定位のための能力	S11	地図や他のオリエンテーション手段（例えば、ランドマーク、ピクトグラム、方位、GPS）を用いて、現実空間における自分のいる場所を特定することができる。
	S12	地図を用いて、現実空間におけるルートを記述することができる。
	S13	地図や他のオリエンテーション手段（例えば、ランドマーク、ピクトグラム、コンパス）を用いて、現実空間において移動することができる。
	S14	交通網に関する図解を活用することができる。
05 空間知覚と空間構造に関する省察のための能力	S15	認知地図／メンタルマップにもとづいて、空間が絶えず選択的、主観的に知覚されていること（例えば、ドイツと日本の生徒の世界に関するメンタルマップの比較）を説明することができる。
	S16	さまざまな種類の地図にもとづいて、空間表現が常に構成されていること（例えば、2つの異なる地図投影法：途上国と先進国に関する2つの異なる地図）を説明することができる。

DGfG（2014：17-18）より筆者作成

資料3　コンピテンシー領域「認識獲得／方法 (Erkenntnisgewinnung/Methoden)」のスタンダード

M1　地理的／地球科学的に重要な情報源，情報形式，情報方略に関する知識	S1	地理的に重要な情報源，伝統的なもの（例えば，専門書，フィールド）も，ハイテクなもの（例えば，インターネット，DVD）も挙げることができる。
	S2	地理的に重要な情報形式／メディア（例えば，地図，写真，航空写真，数値，文章，図表，地球儀）を挙げることができる。
	S3	伝統的でハイテクな情報源，情報形式からの情報獲得のための基本的な方略や情報評価の方略を記述することができる。
M2　地理的／地球科学的な問題設定の取り扱いのための情報を獲得する能力	S4	問題，事実，目的に応じて，地図，文章，写真，統計，図表等から情報を選択することができる。
	S5	問題，事実，目的に応じて，フィールドで（例えば，観察，地図化，計測，数値化，サンプル調査，対面調査）あるいは簡単な実験によって情報を獲得することができる。
M3　地理的／地球科学的な問いの設定の取り扱いのための情報を評価する能力	S6	伝統的でハイテクな情報源から地理的に重要な情報，獲得した情報を構造化し，重要な認識を形成することができる。
	S7	目的に合わせて，獲得した情報を他の地理的情報と組み合わせることができる。
	S8	獲得した情報を他の表現形式（例えば，数値を地図や図表に）に変換することができる。
M4　地理的／地球科学的な認識獲得のための方法論的ステップを簡単な形式で記述し，省察する能力	S9	自立的に簡単な地理的問いを立て，それに対する仮説を形成することができる。
	S10	仮説検証の簡単な方法を記述し，活用することができる。
	S11	認識獲得の方法を簡単な形式で記述することができる。

DGfG（2014：20-21）より筆者作成

資料4 コンピテンシー領域「コミュニケーション (Kommunikation)」のスタンダード

K1 地理的/地球科学的に重要な報告を理解し，適切に表現する能力	S1	日常生活にある地理的に重要な文書，口頭による内容および専門用語を理解することができる。
	S2	地理的に重要な事実/表現（文章，写真，図表など）を，理論的に整理，そして専門用語を用いて表現することができる。
	S3	地理的に関連した内容に関して，情報の事実と評価の違いを区別することができる。
	S4	地理的に重要な報告を，専門的に，状況そして受け取り手に合わせて編集し，発表することができる。
K2 地理的/地球科学的な状況について論じる，討論する，そして根拠のある意見をつくりだす能力	S5	地理的な問題設定の範囲において，国内外の報告の理論的，専門的，そして論争的な点を特徴づけ，適切に答えることができる。
	S6	選択された事例に関して，専門的な内容や評価を慎重に検討し，議論において，根拠のある意見そして/あるいは妥協案を作り出すことができる（例えば，ロールプレイ，シナリオ）。

DGfG（2014：22-23）より筆者作成

資料5　コンピテンシー領域「判断／評価 (Beurteilung/Bewertung)」のスタンダード

B1　空間における選択された状況や事実を地理的／地球科学的知識を用いて判断する能力	S1	判断のための専門に関連した規準，一般的規準（例えば，生態／経済／社会的適合，現代／将来的意義，将来性）を挙げることができる。
	S2	選択された地理的に重要な状況，出来事，問題，リスク（例えば，移住，洪水，開発援助，土地活用の紛争，文化的衝突，内戦，資源紛争）を判断するために，地理的知識や上述の規準を活用することができる。
B2　メディアから選択された地理的／地球科学的に重要な情報を規準に従って判断することができる能力（メディアコンピテンシー）	S3	伝統的な，現代的な情報源（例えば，教科書，新聞，地図帳，インターネット）やフィールドから獲得した自身の情報を，一般的な説明的価値や問題設定の意義の観点から，判断することができる。
	S4	さまざまな利害から地理的に重要な情報媒体における表現の影響に対して，批判的な立場をとる（例えば，旅行パンフレットにおける観光施設，子ども用の町の地図）ことができる。
B3　選択された地理的／地球科学的認識や見方を，社会に対する意義と影響の観点から，適切に判断することができる能力	S5	歴史的，社会的文脈における選択された地理的認識の影響に対して，批判的な立場をとる（例えば，さまざまな世界像の結果／探検旅行の報告）ことができる。
	S6	選択された地理的内容に対して，社会的意義の観点（例えば，自然リスクや環境危機の予測）から，批判的な立場をとることができる。
B4　選択された地理的／地球科学的に重要な事実／プロセスを専門にもとづいた，専門横断的な価値や規範の考慮から，評価することができる能力	S7	地理的に重要な価値や規範（例えば，人権，自然保護，持続可能性）を挙げることができる。
	S8	地理的に重要な事実やプロセス（例えば，河川改修，観光，開発援助／経済的協力，資源活用）を，これらの規範や価値から評価することができる。

DGfG（2014：24-25）より筆者作成

資料6　コンピテンシー領域「行動（Handlung）」のスタンダード

H1　行動に重要な情報と方略の知識	S1	環境や社会に優しい生活と経済様式，製品，および解決アプローチ（例えば，公共交通の利用，エコな農業，再生エネルギー）を知っている。
	S2	被害やリスクを防止/軽減させる対策（例えば，津波警報，地表の非舗装，自然の復元）を知っている。
	S3	偏見（例えば，他文化の人々に対する）を突き止め，軽減させる方法を知っている。
H2　地理的/地球科学的行動領域に対する動機と関心	S4	郷土空間とほかの生活領域における自然と文化の多様性に興味をもっている。
	S5	身近な，地域的な，国家的な，地球規模の縮尺レベルにおける地理的に重要な問題（例えば，海洋汚染，洪水，途上国における貧困）に対して興味をもっている。
	S6	地理的に重要な価値に関する方向付けに興味をもっている。
H3　地理的/地球科学的に重要な状況における具体的な行動のための準備（情報行為，政治的行動，日々の行動）	S7	他者に対して，重要な行動領域について専門にもとづいて情報を提供する（例えば，バイパスの環境や社会的適応性，堤防や遊水地の必要性，持続可能な都市開発，持続可能な農業）意欲がある。
	S8	専門にもとづいた空間政策の決定プロセスを追体験し，それに関与する（例えば，地方自治体の委員会への計画提案，郷土のローカルな計画への参加）意欲がある。
	S9	1つの世界における環境や持続可能な開発のためのよりよい質，異文化理解，平和な共存のために日々取り組む（例えば，フェアトレードそして/あるいは，エコ製品の購入，パートナーシップ，交通手段の選択，ごみの削減）意欲がある。
H4　自然と社会空間への影響に関して，行動を省察するための能力	S10	地理的文脈における個々人の潜在的あるいは実際の行動の理由を挙げることができる。
	S11	個々人の選択された行動の自然と社会空間への影響を判断し，代替案を思考することができる。

DGfG（2014：27-28）より筆者作成

索　引

〔ア　行〕

アジェンダ21　29, 31, 77, 78, 86, 89, 90

〔カ　行〕

開発教育　13, 18, 24, 29, 44, 78
学際性　2, 3, 25, 26, 30, 31, 33, 47, 51, 52, 111, 112
各州文部大臣常設会議→KMK
環境学習　12, 68
環境教育　1, 3, 8, 9, 13, 14, 16, 18, 24, 29, 43, 44, 75
環境と開発に関する国際連合会議→リオデジャネイロ・サミット
教育スタンダード（Bildungsstandards）36, 39, 41, 43, 53, 57
教科横断コンピテンシー　64, 67, 68, 69, 114
教科コンピテンシー　64, 65, 69, 72, 114
空間概念（Raumkonzept）　48, 49, 62, 63, 66, 67, 74, 98, 113
空間に関連した行動コンピテンシー（raumbezogene Handlungskomeptenz/Raumverhaltenskomeptenz）　35, 42, 50, 55, 68, 77, 78
グローバル学習　41, 43, 46

グローバル教育　42, 78
クロス・カリキュラム　19, 30, 46, 68
形成能力（Gestaltungskompetenz）　39, 44, 46, 71, 72, 74, 113, 114
系統地理学習　42, 74, 82
系統地理的アプローチ（allgemein-geographischer Ansatz）　97, 98
行為コンピテンシー（Handlungskomeptenz）　64, 68, 114
国際理解教育　1, 10, 12, 13, 14, 21

〔サ　行〕

自然システム　32
自然地理（学的）システム　51, 52, 55, 82, 95
持続可能性の起源　45, 101, 110, 114
持続可能な開発に関する世界首脳会議→ヨハネスブルク・サミット
持続可能な開発の3観点　48, 70, 78, 92, 114
持続可能な開発のための教育（ESD）に関するグローバル・アクション・プログラム→GAP
持続可能な開発のための地理教育に関するルツェルン宣言→ルツェルン宣言
持続可能な開発目標→SDGs
持続可能な都市開発（nachhaltige Stadtentwicklung）　81, 83, 84, 85, 86,

87, 88, 89, 90, 91, 103, 105
持続可能なトライアングル（Dreieck der Nachhaltigkeit/Nachhatigkeitsdreieck） 46, 70, 89
シティズンシップ→市民性教育
市民科（Citizenship） 13
市民性教育 9, 13, 14
市民像 26, 28, 33
市民的資質 18, 20, 36, 52
社会科（Gesellschaftslehre） 54, 60, 61
社会科学科（Gesellschaftswissenschaftliche Fächer） 60, 61, 71, 74, 114
社会－環境研究（Gesellschaft-Umwelt-Forschung） 48
社会－環境研究モデル 48, 51, 55
社会－経済システム 27, 32, 79
社会地理学 49
人文地理（学的）システム 51, 52, 55, 95
生活のための地理：ナショナル・スタンダード（Geography for Life:National Geography Standards） 17
静態地誌 49
世界－環境科（Welt-Umweltkunde） 60, 61
世界市民 13, 53, 85
ゾチアルクンデ（Sozialkunde） 61, 71, 72, 73, 114

〔タ 行〕

地域地理的アプローチ（regionalgeographischer Ansatz） 97, 98
地球的市民／地球的市民性 13, 28, 29, 33, 53, 98
地球的視野で考え，身近なところで実践する（think globally, act locally） 42, 53, 90, 109, 114
地誌学習 42, 74, 82
地誌的・系統地理的アプローチ 66
地図コンピテンシー（Kartenkompetenz） 54, 66, 95
地理学の五大テーマ（Fundamental Themes in Geography） 17, 26, 27, 28
地理教育国際憲章 6, 13, 15, 23, 24, 25, 26, 28, 29, 30, 31, 32, 33, 34, 35, 36, 44, 94, 112
地理教授法（Geographiedidaktik） 42, 43
地理的技能／地理的スキル 22, 25, 27, 28, 32, 33
トランスファー21 18, 39

〔ナ 行〕

ニュー・ジオグラフィー 11, 12
人間－環境関係（Mensch-Umwelt-Beziehung） 47, 70, 109, 113
人間－環境システム 51, 52, 55
人間－空間関係（Mensch-Raum-Beziehung） 100, 109, 113
人間－地球エコシステム 25, 32, 55
人間－地球システム 51, 55

〔ハ 行〕

橋渡し機能（Brückenfunktion） 47, 55
範例学習（exemplarisches Lernen） 41, 66, 74
1つの世界（Eine Welt） 76, 77, 78, 79, 81, 83, 84, 85, 91, 100, 101, 105, 106, 110

〔ヤ　行〕

ヨハネスブルク・サミット　1, 3

〔ラ　行〕

リオデジャネイロ・サミット　13, 29, 44, 78, 112

ルツェルン宣言　6, 14, 25, 26, 30, 31, 32, 33, 36, 44, 111, 112, 115

歴史／歴史科（Geschichte）　61, 72, 93, 114

〔A～Z〕

AAG　12, 21

GAP　1, 8

GIS　66, 98

GWG　61, 75, 76, 77, 83, 90

HSGP　9, 11, 12, 13, 17, 21

KMK　39

Oxford Geography Project　9, 12, 21

PBL　68

PISA／PISAショック　7, 36, 39, 41, 57, 58, 63, 72, 73, 75, 79, 89, 113

SDGs　108, 110

〔著者略歴〕

阪上　弘彬（さかうえ　ひろあき）

1988年，兵庫県生まれ．

2011年3月，広島大学教育学部第2類社会系コース卒業．

2013年3月，広島大学大学院教育学研究科博士課程前期修了．

2016年3月，広島大学大学院教育学研究科博士課程後期修了，博士（教育学）．

2015年4月から日本学術振興会特別研究員（DC2・PD）を経て，

2017年4月より岐阜工業高等専門学校　一般科目（人文）助教．

専門は地理教育，ESD（持続可能な開発のための教育），社会科教育．

主要著書

『持続可能な社会をめざす地理ESD授業ガイド』啓文社，2012年，共著．

『社会科教育の今を問い，未来を拓く－社会科（地理歴史科，公民科）授業はいかにしてつくられるか－』東洋館出版，2016年，共著．

書　名	**ドイツ地理教育改革とESDの展開**
コード	ISBN978-4-7722-5306-2　C3037
発行日	2018（平成30）年2月20日　初版第1刷発行
著　者	阪上弘彬 　Copyright　©2018 Hiroaki SAKAUE
発行者	株式会社 古今書院　橋本寿資
印刷所	株式会社　理想社
製本所	渡邉製本株式会社
発行所	**古今書院** 〒101-0062　東京都千代田区神田駿河台2-10
電　話	03-3291-2757
FAX	03-3233-0303
振　替	00100-8-35340
ホームページ	http://www.kokon.co.jp/

検印省略・Printed in Japan

いろんな本をご覧ください
古今書院のホームページ

http://www.kokon.co.jp/

★ 800点以上の**新刊・既刊書**の内容・目次を写真入りでくわしく紹介
★ 地球科学やGIS，教育など**ジャンル別**のおすすめ本をリストアップ
★ **月刊『地理』**最新号・バックナンバーの特集概要と目次を掲載
★ 書名・著者・目次・内容紹介などあらゆる語句に対応した**検索機能**

古 今 書 院

〒101-0062　東京都千代田区神田駿河台 2-10
TEL 03-3291-2757　　FAX 03-3233-0303
☆メールでのご注文は order@kokon.co.jp へ